ARBEITEN ZUR RECHTSVERGLEICHUNG

Schriftenreihe der Gesellschaft für Rechtsvergleichung
Begründet von Hans Dölle
Herausgegeben von Ernst von Caemmerer

52

Das traditionelle Eigentumsrecht der Kap-Nguni in Südafrika

Von

Dieter Ertle

1971

ALFRED METZNER VERLAG · FRANKFURT/M. · BERLIN

Umfang ~~136~~ 129 Seiten

Gesetzt aus der Borgis Garamond Linotype
Gesamtherstellung: Funk-Kurier, Druck- und Verlagsges. m.b.H., Marktheidenfeld
Printed in Germany
ISBN 3-7875-0152-5

Inhalt

Vorwort

Die vorliegende Arbeit hat einen historischen Gegenstand. Sie will die Rechtsnormen beschreiben und erläutern, die der ursprünglichen, vom europäischen Recht unbeeinflußten Eigentumsordnung der heute in den Gebieten Ciskei und Transkei ansässigen Stämme zugrunde liegen. Damit gehört sie in die Reihe der von Herrn Professor Dr. Dr. h. c. H. Trimborn, Bonn, angeregten, geförderten und überwachten Untersuchungen über die Frühgeschichte des Eigentums[1].

Mit den Kulturen und dem Recht der Eingeborenen Südafrikas vertraut wurde ich während meines ersten Aufenthaltes in diesem Land vom Juni 1962 bis zum August 1963. Ich studierte an den Universitäten Cape Town und Stellenbosch die Fächer Social Anthropology und Comparative African Law and Government und hatte in den Semesterferien Gelegenheit, auf ausgedehnten Reisen eine Reihe von Eingeborenenreservaten, insbesondere die der Nguni-Völker kennenzulernen (Juli 1962, Dezember 1962—Januar 1963, Juli—August 1963). Vom November 1967 bis zum September 1968 bereiste ich Südafrika erneut. Neben der Arbeit in Bibliotheken führte ich eigene Felduntersuchungen in den Ciskei-Distrikten Alice, Middeldrift, King William's Town (etwa acht Wochen) und Mooiplaas (circa eine Woche) und im Transkei-Distrikt Umtata (etwa 10 Wochen) durch. Genaue Angaben über die Quellen der im Feld gesammelten Informationen enthält ein besonderes Verzeichnis am Ende der Arbeit.

Für die mir während meiner Studien gewährte Hilfe habe ich folgenden Personen und Institutionen zu danken:

Frau M. W. Badenhorst, Stellenbosch,
Frl. M. Künzel, Solingen,
Frau E. Liebenberg, Bellville,
Herrn Oberkustos Dr. F. J. Micha, Bonn,
Herrn Professor Dr. N. Olivier, Stellenbosch,
Herrn Oberstudiendirektor a. D. Dr. H. Rau, Haan,
Herrn Professor Dr. und Frau Dr. O. F. Raum, Schwarzenbach,
Herrn Pater M. Riedener, Umtata,
Herrn Professor Dr. R. Schott, Münster,

1 Vgl. *Schott* 1960, 245—246.

Herrn Professor Dr. H. J. Simons, Lusaka,
Herrn und Frau H. Wahlen, Bonn,
dem Department of Cultural Affairs der Republik Südafrika,
dem Department of Information der Republik Südafrika,
dem Department of Bantu Administration and Development der Republik Südafrika,
dem Deutschen Akademischen Austauschdienst,
der Deutschen Gesellschaft für Rechtsvergleichung,
den Schwestern der Bedford Convent Farm, Umtata,
meinem Dolmetscher Douglas Mangesana, Alice,
und meiner Frau Brigitte Ertle.

Ganz besonderer Dank aber für bereitwillige und stete Unterstützung und für mir gewährtes Vertrauen gilt meinem hochverehrten Lehrer und Förderer, Herrn Professor Dr. Dr. h. c. Hermann Trimborn.

Zur angewandten Zitiermethode sei bemerkt, daß Abkürzungs- und Literaturverzeichnis kombiniert wurden; dabei sind im Zitat nur Verfasser und Erscheinungsjahr des betreffenden Werkes angegeben. Bei einführenden Darstellungen und dort, wo der Text keine Abweichung von heute allgemein herrschenden Ansichten enthält, sind die benutzten Quellen nur eingangs einmal genannt. Genaue Literaturbelege sind dann angeführt, wenn sie für den konkreten Nachweis von Bedeutung sind, also zu strittigen, zweifelhaften oder besonders wichtigen Fragen.

Beim Gebrauch von xhosa Worten sind in der Regel die Wortstämme mit Präfix verwendet[2]. Dies ist zulässig, da das Präfix nicht etwa einem Artikel entspricht, sondern eher der Endung der Worte in europäischen Sprachen. Artikel sind dem isiXhosa unbekannt. Stammesnamen allerdings wurden ohne Präfixe gebraucht, weil sie in dieser Form üblicherweise in Südafrika verwendet werden.

Gewidmet ist die Arbeit meinen Eltern.

Bonn, im September 1969 — **Dieter Ertle**

2 So auch etwa *Leuzinger* 1959, 205.

A. Einführung

I. Kurze Ethnographie der Kap-Nguni

1. Rassische und linguistische Einordnung, ethnische Gliederung

Die Nguni sind die am weitesten in den Süden Afrikas vorgedrungenen Völker negerischer Rasse. Linguistisch gehören sie zur Bantu-Sprachfamilie, in dieser wiederum zusammen mit ihren nördlichen und östlichen Nachbarn, den Sotho und Thonga, zur südöstlichen Abteilung[1]. Ein rassischer Beitrag der den Nguni im Westen benachbarten Khoisan-Völker, Buschleute und Hottentotten, wird — neben anderem — ergänzt durch ihren linguistischen Beitrag zu deren Kultur: von den für die Khoisan-Sprachen typischen Klicklauten treten drei auch in den Sprachen aller Nguni-Völker auf.

Die Ngunigruppe kann in sechs Abteilungen gegliedert werden, deren Mehrzahl den südöstlichen Küstensaum Afrikas bewohnt[2]. Im eigentlichen Landesinnern finden wir nur zwei Nguni-Völker, nämlich die Transvaal-Ndebele und die Splittergruppen der rhodesischen Ndebele und der Ngoni in Malawi. Die Transvaal-Ndebele bilden mit ihrem Siedlungsgebiet verschiedene Enklaven in sonst reinem Sotho-Gebiet. Während mehrerer hundert Jahre engen Kontaktes haben diese Nguni-Stämme Kulturelemente in nicht unbeträchtlichem Umfang von den Sotho übernommen und sich so an ihre Umgebung angepaßt. Die rhodesischen Ndebele und die Ngoni haben ihre eigentliche Heimat, Natal, vor nicht allzu langer Zeit — im vergangenen Jahrhundert — verlassen auf der Flucht vor dem Zuluhäuptling Tschaka, der damals dort seine Schrekkensherrschaft ausdehnte. Auf ihrem Weg nach Norden nahmen diese beiden Gruppen vielerlei fremde Kulturelemente auf, sind aber trotzdem noch klar

1 So *Dart* 1959, 23; vgl. auch *Hirschberg* 1965, 101, 27, 28; *Seligman* 1957, 167; Das Wort »Bantu« bedeutet »die Menschen, das Volk« und kommt, nur gelegentlich leicht verändert, in allen Sprachen einer Gruppe eng miteinander verwandter, negerischer, afrikanischer Völker vor, eben der Bantu-Völker. Nach *Bruwer* 1963, 4, gab der Sprachenkenner W. H. T. *Bleek* im Jahre 1862 dieser Gruppe von auffallend ähnlichen Sprachen den Namen »Bantu-Sprachen«. Es handelt sich also zunächst um einen linguistischen Begriff. Mit der Zeit wurde »Bantu« dann auch gebraucht, um die Bevölkerungsgruppe als solche zu bezeichnen, vgl. *Hirschberg* 1965, 17; *Murdock* 1959, 9; *Ottenberg* 1965, 16, 18; insbesondere *Silverstein* 1968, 211, 212; *Willoughby* 1928 VIII, IX.

2 Diese Darstellung folgt im wesentlichen *van Warmelo* 1959, 45 ff. Vgl. aber auch *Murdock* 1959, 380 ff und Karte 272; *Hirschberg* 1965, 101, 102; *Baumann-Westermann* 1967, 126, 127; *Wilson* 1969, 75 ff.

als Nguni zu identifizieren. Die Gewaltherrschaft Tschakas bewirkte in Natal eine solche Vermischung der einzelnen Gruppen, daß man heute nicht mit hinreichender Sicherheit zu entscheiden vermag, welche der 200 Stämme der heutigen Natal-Nguni ausschließlich reiner Nguni-Herkunft sind und welche starken fremden Einflüsse ausgesetzt waren. Jedenfalls inkorporierte Tschaka auch andere als Nguni-Gruppen in sein Reich. Die Natal-Nguni generell als Zulu zu bezeichnen, ist ein zwar oft geübter Brauch, aber nicht ganz richtig. Zulu ist vielmehr der Sippenname (isibongo) des Königshauses der Natal-Nguni, die zwar alle isiZulu sprechen, deswegen aber ethnisch noch nicht als Zulu zu gelten haben. Ebenfalls im 19. Jahrhundert entstand das Volk der Swazi durch Amalgamierung von Nguni-Stämmen mit Sotho Elementen. Letztere wurden kulturell jedoch so weit absorbiert, daß ein Nachweis für die Aufnahme aus der heutigen Kultur nur noch schwer möglich ist. Am reinsten ihren Nguni-Charakter erhalten haben die südlichsten Völker der Gruppe, die Ciskei und Transkei bewohnenden Kap-Nguni. Da sie alle isiXhosa sprechen, bezeichnet man sie häufig, aber fälschlich, als Xhosa. Die Xhosa sind nur eines der zu ihnen rechnenden Völker und bilden mit ihren beiden stärksten Stämmen, den Rarabe oder Ngqika und den Gcaleka, und einigen kleineren Einheiten, wie den Dushane und den stark hottentottisch gefärbten Gqunukhwebe, deren südwestlichen Vorposten. Nach Nordosten schließen sich dann die Tembu, denen kulturell Bomvana, Qwathi und Pondomise nahestehen, und weiter die Pondo an. Die große kulturelle Ähnlichkeit aller dieser Völker gestattet es, sie als eine Einheit zu betrachten und zusammen abzuhandeln[3], wie es in dieser Arbeit geschieht. Ebenfalls in Ciskei und Transkei ansässig sind von Tschaka vertriebene Natal-Nguni, die gemeinhin als Mfengu bezeichnet werden. Sie besitzen teilweise geschlossene eigene Siedlungsgebiete, zum anderen Teil haben sie sich mit den eigentlichen Kap-Stämmen vermischt und sich unter die Oberhoheit deren Häuptlinge begeben. Ähnliches gilt für den Fingo verwandte Stämme wie Bhaca, Nhlangwini und Xesibe, die ebenfalls nicht zu den eigentlichen Kap-Nguni zählen, obwohl sie heute im östlichen Transkei ansässig sind.

2. Umwelt und Wirtschaftsform

Die von den Kap-Nguni bewohnten Gebiete Ciskei und Transkei liegen etwa zwischen dem 26. und 32. Grad östlicher Länge und dem 30. und 34. Grad südlicher Breite[4]. Im Nordwesten begrenzt das Gebirge der Drakensberge ihr

3 Vgl. *Hunter* 1961, 379. Ähnlichkeiten zwischen Bomvana und Gcaleka betont *Cook* 1931, VIII; desgl. für Bhaca, Xesibe und Hlubi bei *Hammond-Tooke* 1954, 26; für Xhosa und Tembu, wenngleich mit Vorbehalten bezüglich der Pondo, bei *Dugmore* 1906, 1, und *Warner* 1906, 58; vgl. auch *Seymour* 1960, XI, XVII.

4 Diese Darstellung folgt im wesentlichen *Goodwin* 1959, 33 ff; doch vgl. auch *Ottenberg* 1965, 16; *Baumann-Westermann* 1967, 124—125.

Siedlungsgebiet, im Südosten die Küste des Indischen Ozeans, im Südwesten der Große Fisch Fluß, im Nordosten der Umthamvuna Fluß. Abgesehen von einem dünn besiedelten subtropischen Küstenstreifen handelt es sich bei dem gesamten Siedlungsgebiet um hügelige Gras- und Buschsavanne mit warmem, regnerischem Sommer (Oktober bis März) und kühlem, trockenem Winter (April bis September). Flüsse sind zahlreich und führen auch im Winter regelmäßig ausreichend Wasser. Das Land ist für die typische gemischte Wirtschaftsform der Kap-Nguni, Rinderzucht und Hackbau (ursprünglich shifting cultivation), sehr gut geeignet. Die weiten Hügelketten bieten reichlich Gras als Weide. In den Tälern bringen fruchtbarer Boden und nahes Wasser selbst bei Hackbau auf kleinen Feldern gute Erträge. Busch- und kleiner Baumbestand in den Tälern versorgt die Menschen mit den notwendigen Brenn- und Baumaterialien. Der Wildreichtum in diesen Gebieten war früher beträchtlich, so daß der Bedarf an tierischen Proteinen weitgehend aus der Jagd gedeckt werden konnte[5]. Auch die Frauen betätigten sich zur Ergänzung der Nahrungsbeschaffung wildbeuterisch, indem sie wilde Gemüse, kleinere Wirbeltiere und Insekten sammelten. Die Fischerei war unentwickelt[6]. Man beschränkte sich auf den Verzehr von Muscheln, Fische dagegen wurden nicht genossen, da man sie mit den tabuierten Schlangen als verwandt betrachtete. Hier zeigt sich, daß es sich bei den Kap-Nguni um ursprünglich typische Binnenländer, nicht aber um ein Küstenvolk handelt. Schiffahrt wurde daher ebenfalls nicht getrieben, was die felsige, hafenarme Küste allerdings auch kaum zugelassen hätte (»Wild Coast«)[7].

Die ursprünglichen Haustiere der Kap-Nguni[8] sind vermutlich nur Rinder, Ziegen und Hunde gewesen, später fanden jedoch auch Schafe, Pferde, Schweine, Esel und Geflügel, vor allem unter dem Einfluß der weißen Siedler, Eingang bei ihnen. Wegen ihrer besonderen wirtschaftlichen, sozialen und religiösen Bedeutung bleiben aber die Rinder die wichtigsten Haustiere der Süd-Nguni.

Unter den Hauptnahrungsmitteln[9] der Kap-Nguni waren Fleisch, das, wie bereits erwähnt, hauptsächlich aus der Jagd stammte und nur gelegentlich von

5 So *Goodwin* 1959, 131; *Hunter* 1961; *Hammond-Tooke* 1954, 37, 38; *Fritsch* 1872, 79, 80; *Brownlee* 1916, 186; *Patterson* 1790, 87—89.

6 *Goodwin* 1959, 133; *Hunter* 1961, 96 berichtet, daß ausschließlich die Bewohner der unmittelbaren Küstenregion unter den Pondo Fisch essen, die Binnenländer jedoch den Genuß strikt ablehnen; vgl. auch die äußerst interessante Arbeit von *Quin* 1959, 128, die sich allerdings ausschließlich mit den Pedi, einem Sotho-Volk, beschäftigt; kein Fisch: *Molema* 1920, 119; *Wilson* 1969, 96; *Barrow* 1801, 208.

7 Vgl. *Baumann-Westermann* 1967, 124.

8 Vgl. dazu *Goodwin* 1959, 137 ff; *Passarge* 1908, 224, 225; *Hammond-Tooke* 1962, 21; *Hunter* 1961, 65 ff; *Döhne* 1843, 9, 10; *Kay* 1833, 121—144 passim.

9 Vgl. dazu *Goodwin* 1959, 131—134; *Hunter* 1961, 71, 95; *Hammond-Tooke* 1962, 25, 26, 294, 295; *Holden* 1866, 232—238; *Passarge* 1908, 222, 223; *Döhne* 1843, 9—12, 29, 30; *Fleming* 1853, 108—112; *Shaw* 1841, 38, 39; *Kay* 1833, 121—125; *Patterson* 1790, 90.

geopferten Tieren, und die saure Milch der Rinder und Ziegen die wichtigsten Proteinspender. Wilde Gemüse und Früchte wurden von den Frauen gesammelt; angebaut wurden ursprünglich wohl nur Hirse, Kafferkorn und verschiedene Arten von Kürbissen, darunter auch Flaschenkürbisse. Andere kultivierte Pflanzen, die man heute in Ciskei und Transkei findet, wie etwa Mais, Süßkartoffel, Erbsen und Bohnen, haben erst vor relativ kurzer Zeit Eingang bei den dortigen Stämmen gefunden. Genußmittel waren neben dem aus Hirse gebrauten, dickflüssigen, sehr nahrhaften, säuerlich schmeckenden Bier der Tabak und Dagga (Haschisch); die beiden letzteren sind zwar auch keine eigentlich südafrikanischen Pflanzen, wurden aber schon vor der Ankunft der Europäer eingeführt. Die Varietät der als Drogen und zu Heilzwecken verwandten Pflanzen ist sehr groß.

3. Materielle Kultur

Die herkömmliche materielle Kultur der Kap-Nguni ist nicht sehr reich[10]. Kunstwerke als Selbstzweck sind unbekannt, aber auch die angewandte Kunst, etwa die Brandmalerei auf Kalebassen, die Herstellung von Schmuck aus Perlen und Metall, bei der Holzverarbeitung und in der Töpferei, wird im allgemeinen nicht als mit derjenigen der zentral- und ostafrikanischen Bantu oder gar der westafrikanischen negerischen Völker vergleichbar angesehen[11].

Das Material der Kleidung[12] der Kap-Nguni waren die Felle der erlegten wilden und geschlachteten zahmen Tiere. Spinnen und Weben, auch die Herstellung von Rindenbast-Stoffen, waren den Süd-Nguni nicht bekannt. Kinder liefen in der Regel nackt umher, hatten nur eine Felldecke für die Nächte und die kalte Jahreszeit. Heranwachsende Mädchen trugen einen kurzen Schurz um die Hüften. Das wesentliche Kleidungsstück des Mannes war das Penis-Futteral (inxiba) – daher auch der Name »Kahl-Kaffern« –, ein aus Fell oder pflanzlichem Rohstoff hergestellter Schutz der Eichel. Je nach Gelegenheit und Wetter wurde diese Kleidung noch durch Mantel (Kaross), Mütze, Sandalen, Taschen, Gürtel und verschiedenartigen Zierrat ergänzt. Als Schmuck verwandte man Tierzähne, Früchte, Stachelschweinborsten, Schildkrötenschalen, Muscheln, Knochen, Sehnen, Fell, Haar, Gras, eingehandelte Perlen und Knöpfe, einfache, aus Lehm selbstgefertigte Perlen, Wurzeln und eingehandeltes Metall, zunächst Eisen, dann aber auch Kupfer und Messing. Kriegs- und Ritualschmuck konnten auch durch Schlangenhäute, Tier-Blasen, Federn und ähn-

10 *Hunter* 1961, 96.

11 So wird Südafrika als Kulturprovinz nur sehr kursorisch oder überhaupt nicht in wesentlichen Neuerscheinungen über afrikanische Kunst behandelt. Vgl. *Leiris-Delange* 1968; *Leuzinger* 1959; *Fagg* 1965; *Meauzé* 1968; *Bodrogi* 1967.

12 Vgl. *Passarge* 1908, 226—231; *Goodwin* 1959, 142 ff; *Fritsch* 1872, 14, 58—62, 67; *Holden* 1866, 230—232; *Cook* 1931, 162; *Döhne* 1843, 10, 29; *Fleming* 1853, 91, 92, 110—112; *Shaw* 1841, 37; *Patterson* 1790, 93—94; *Kay* 1833, 111—117, 130, 134.

liche Dinge ergänzt werden. Der Schmuck der Frau wurde aus den gleichen Materialien gefertigt, ihre Kleidung, war sie verheiratet, setzte sich aus Schurz, Gürtel, Rock, Brusttuch, Mantel, dem sehr wichtigen Kopftuch und Taschen zusammen. Besondere Kostüme, wie etwa der Putz der Jungen bei Initiations-Tänzen, wurden auch aus Gras, Bast oder Blattwerk hergestellt.

Ebenfalls am Körper trugen die Nguni Utensilien der Körperpflege, z. B. einen Behälter mit Fett-Ocker-Salbe, einen Schaber zum Säubern des Körpers von Schweiß und Staub, ein Löffelchen zum Reinigen der Nase und zum Schnupfen von Tabak. Um den Hals an Schnüren oder in den Umhängetaschen führten sie Tabak und Pfeifen[13], eiserne Ahlen und Nadeln, Zauberwürfel und Zauberartikel, Amulette, Medizinen und Kürbisflaschen mit sich.

Entsprechend der Arbeitsteilung in der Gesellschaft der Kap-Nguni waren auch die Gerätschaften[14] verteilt. Die Bewaffnung des Mannes bestand aus Speer (Assegai), Axt, Schild und Keulen (Kiris). Zum Be- und Verarbeiten von Fellen bediente sich der Mann eiserner oder knöcherner Ahlen (Nadeln) und Schaber. Schmiedegeräte waren steinerner Hammer und Amboß, dazu Blasebälge aus Leder, Hörnern und Lehm. Feuer erzeugte man durch das Reiben verschiedenartiger Hölzer aneinander. Boote fehlten gänzlich, gelegentlich werden Flöße aus Holz als Wasserfahrzeuge erwähnt[15].

Zur Landbestellung diente der Frau ein hölzerner Grabstock, der von den alten Quellen auch oft als Spaten, Schaufel oder Hacke beschrieben wird; mit der Zeit wurde dieses ausschließlich aus Holz gefertigte und im Feuer gehärtete[16] Werkzeug durch eines mit eiserner Schar verdrängt. Die Küchengeräte erschöpften sich in zum Teil mit Deckeln versehenen Behältnissen, aus Holz, Ton, Fell oder geflochtenem Gras gefertigt, dazu Löffel und Kellen, der hölzernen oder steinernen Stampfmühle mit Holzstößel, Mahlsteinen zum Zerkleinern von Getreide und Farben und — nach Döhne[17] — Binsenpinseln zum Auflecken der Milch. Messer waren unbekannt; man benutzte zum Schneiden ein scharfes Gras oder die Klinge des Assegais. Wie das Rad war den Kap-Nguni die Drehscheibe unbekannt, zum Modellieren der zu brennenden Tongefäße benutzte die Frau Holz- oder Knochen-Werkzeuge.

13 Die kurzen Tabakpfeifen, die heute von den Kap-Nguni, Frauen und Männern, geraucht werden, scheinen eine Entwicklung unter europäischen Einfluß zu sein. Die ursprünglichen Pfeifen sollen Wasserpfeifen aus Kuhhorn gewesen sein, vgl. *Passarge* 1908, 241.

14 Vgl. hierzu *Goodwin* 1959, 145—147; *Fritsch* 1872, 62—76, 87—89, 102, 105; *Brownlee* 1916, 186; *Passarge* 1908, 221—223, 226—233, 238; *Hammond-Tooke* 1954, 38; *Wilson* 1949, 13; *Döhne* 1843, 9; *Hunter* 1961, 170; *Fleming* 1853, 98, 102—103, 106—108; *Shaw* 1841, 38—41; *Kay* 1833, 121—148 passim; *Patterson* 1790, 90.

15 So *Shaw* 1841, 39.

16 So *Wilson* 1949, 13.

17 *Döhne* 1843, 30.

Die traditionelle Behausung war die bekannte Bienenkorbhütte ohne Fenster, aber mit geflochtener Tür vor dem Eingang, beides aus Holz und Gras hergestellt. Inventar waren neben Matten schemel- und tischartige, aus verwachsenen Bäumen gefertigte Möbel in sehr geringer Zahl, die in kleinerer Form auch als Kopf- bzw. Nackenstütze benutzt wurden.

Zu den Musikinstrumenten[18] gehörten Tanzrasseln, die um die Fesseln getragen oder mit der Hand geschüttelt wurden, hergestellt aus Insekten-Kokons und mit kleinen Steinen und Pflanzensamen gefüllt. Als Trommel diente ein getrocknetes, steifes Ochsenfell, das mit langen Knüppeln geschlagen wurde. Tierhörner wurden ausgehöhlt und als Signaltrompeten benutzt, Flöten aus Rohr hergestellt, Pfeifen, auch zum Rufen der Hunde und Ochsen, aus Horn, Knochen und Rohr geschnitzt. Saiteninstrumente waren ursprünglich nicht Teil der materiellen Kultur der Kap-Nguni, wurden jedoch in beträchtlicher Variationsbreite von den benachbarten Khoisan-Völkern übernommen, ohne daß dabei aber der Bogen auch als Waffe Verwendung gefunden hätte.

Zum Spielen[19] dienten den Kindern alle möglichen natürlichen Gegenstände, aus denen sie, die Erwachsenen imitierend, Spielzeughütten, Viehpferche etc. herstellten. Menschen- oder Tierpuppen wurden aus Lehm oder Maiskolben gebildet. Es gab aber auch an Bäumen aufgehängte Schaukeln und die, wohl erst von den Khoisan übernommenen, Schwirrhölzer.

4. Religion

Das bestimmende Element in der Religion der Kap-Nguni war und ist der Ahnenkult. Der verstorbene Mensch, insbesondere der Mann, und dabei wiederum der mündige Mann (umnini'mzi), wird als unsichtbarer Geist (umnyanya) fortlebend betrachtet, ausgerüstet mit den gleichen Charaktereigenschaften und körperlichen Eigenheiten, die er auch als Lebender aufwies[20]. Oft wird der Ahnengeist eines Menschen als aus der Seele des Verstorbenen — im Gegensatz zu seinem Körper — hervorgegangen betrachtet. Verehrt werden in der Regel die männlichen Vorfahren väterlicherseits der vergangenen drei Generationen und die Vorfahren des Häuptlings, d. h. also die Ahnengeister derjenigen Menschen, die in der Erinnerung der Verehrenden noch eine Rolle spielen, ihnen vielleicht sogar persönlich bekannt gewesen sind und die sich nun auch an sie erinnern. Die izinyanya haben Anspruch auf bestimmte Opfer,

18 Vgl. *Kirby* 1965, passim; *Kirby* 1959, 274—281; *Fritsch* 1872, 70, 99; *Brownlee* 1916, 188; *Hunter* 1961, 169; *Fleming* 1853, 99.

19 Vgl. *Kidd* 1906, 161 ff; *Hunter* 1961, 160—161; bei den Zulu im Vergleich siehe *Krige* 1962, 76—80 passim.

20 Diese Darstellung beruht im wesentlichen auf eigenen Beobachtungen und Forschungen; vgl. aber auch *Hoernlé* 1959, 221 ff, und *Eiselen-Schapera* 1959, 247 ff; *Willoughby* 1928, 74—76, 78.

meist Rinder oder Ziegen, es wird ihnen aber auch geopfert, um sie zu einem bestimmten erwünschten Verhalten zu veranlassen. Interesse nehmen die izinyanya regelmäßig nur an ihrer Sippe, bzw., wenn es sich um Häuptlinge handelte, an ihrem Stamm. Fremden bringen sie nur dann Unheil, wenn diese sich gegen ihre Schützlinge wenden.

Wesentlicher Mittler zwischen Ahnen und lebenden Menschen ist, neben dem Sippenältesten, der Zauberer (igqira). Er vermag Träume, Krankheit, plötzlichen Tod und andere ungewöhnliche Erscheinungen zu deuten und mitzuteilen, welcher Ahne auf diese Weise mahnt und welche Ansprüche er damit geltend macht. Der Zauberer beherrscht aber auch Magie in besonderem Umfang, eine für die Kap-Nguni spezifische Art der Naturbeherrschung, die auf logischer Grundlage Kausalketten in Bewegung setzt, die allerdings vom Europäer nicht als naturwissenschaftlich begründbar angesehen werden. Diese Magie gehört daher selbst eigentlich nicht in den Bereich der Religion, wohl aber ihr Erwerb. Der igqira leitet seine Kenntnisse entweder von den izinyanya ab oder von den Wassermenschen (abantu bomlambo), die ein dem der Menschen entsprechendes Leben in Flüssen und Teichen führen[21], oder von den Tieren des Waldes (izilo zehlati)[22]. Während der igqira regelmäßig weiße Magie treibt, ist die Domäne des igqwira die schwarze Magie; Überschneidungen der Tätigkeitsbereiche sind allerdings keine Seltenheit. Insbesondere der oder die igqira beschäftigt sich auch mit der Kräuterheilkunde, die wiederum eigentliche Domäne des ixwele ist.

Neben den genannten drei Gruppen von Geistern gibt es noch eine Reihe von Kobolden oder Dämonen[23], die sowohl Gutes als auch Übel bewirken können. Die bekanntesten sind die tikoloshe, die sich meist im Besitz von Frauen befinden, mit denen sie geschlechtlich verkehren, und anderen Menschen Schaden zufügen. Der tikoloshe ist ein kleines, am ganzen Körper behaartes Wesen mit überlangem Penis; erscheint er Frauen, bedeutet das für sie Gutes, zeigt er sich erwachsenen Männern, bedeutet das für diese regelmäßig Krankheit oder Tod, mit Knaben dagegen spielt er beim Hüten der Rinder und ist bei ihnen sehr beliebt und bedeutet hier keine Gefahr. Umamlambo

21 Während ihrer Ausbildung und auch später besuchen Zauberer die abantu bomlambo. Die Menschen glauben dann, sie seien ertrunken. Nach einiger Zeit tauchen sie wieder auf, mit weiteren Kenntnissen und Machtmitteln versehen. Das Vieh der abantu bomlambo sind die Flußpferde.

22 Den izilo zehlati kommt die geringste Bedeutung unter diesen drei Gruppen zu. Sie werden manchmal auch als abantu zehlati bezeichnet, als Menschen des Waldes. Manche Tiere, besonders Vögel, die nicht getötet werden dürfen, stehen in Zusammenhang mit ihnen. Wird ein solches Tier versehentlich erlegt, wird es begraben unter Beifügung einiger weißer Glasperlen (weiß = Farbe alles Numinosen) und dem Ausruf der Bitte um Verzeihung: »Camagu!«.

23 Vgl. dazu *Hunter* 1961, 275 ff; *Hammond-Tooke* 1962, 280 ff; *Soga* 1931, 185 ff; *Schweiger* 1917—1918 passim; *Laubscher* 1951, 9.

ist ein im wesentlichen im Besitz von Männern angetroffener Dämon. Als schöne Frau hat er sexuellen Verkehr mit seinem Besitzer, in Gestalt einer Schlange dient er diesem zu bösem Zauber; oft verwandelt er sich in eine dürre Wurzel und ist als solche nur schwer zu erkennen. Er ist nicht zu verwechseln mit Ahnengeistern, die ebenfalls als Schlangen besonderer Spezies auftreten können. Daneben gibt es den impundulu oder Blitz-Vogel, der auch als schöner junger Mann auftritt und nur im Besitz von Frauen stehen kann, denen er zur schwarzen Magie dient; außerdem die Schlange der Frauen (inyoka yabafazi), impaka, eine Art wilder Katze oder ein Nagetier, das kleine Kinder beißt, die Wasserschlange (icanti) und Affen (izimfene), auf denen der Zauberer nachts reitet.

Ob die Kap-Nguni ursprünglich einen Hochgott gekannt haben, ist in der Literatur kontrovers[24]. Das Vorhandensein der Worte »umdali«, Schöpfer, und »umenzi«, Macher, im isiXhosa werden als Indiz genommen, daß ihnen die Vorstellung eines Schöpfergottes nicht fremd ist. Ein besonderer Kult eines solchen höchsten Wesens besteht jedoch nicht. Die heutigen Worte uThixo und uQamatha sind rezenten hottentottischen Ursprungs.

5. Politische und soziale Organisation

Die wichtigste politische und soziale Gliederung der Kap-Nguni ist der Stamm (isizwe)[25]. Die Angehörigkeit der einzelnen zu einem Stamm beruht in der Regel auf der Ableitung der Herkunft von einem gemeinsamen Vorfahren, dem Gründer des Stammes. Durch Zuwanderung und Mischung ist dieses Prinzip jedoch so häufig durchbrochen, daß der Stamm de facto eher als politische denn als verwandtschaftliche Einheit anzusehen ist. Durchaus nicht unüblich war es, daß Angehörige eines Stammes, die mit ihren heimatlichen Lebensbedingungen nicht einverstanden oder zufrieden waren, sich unter die Oberhoheit eines anderen Häuptlings begaben, sich damit einem anderen Stamm anschlossen. Spätestens in diesen Fällen zeigt sich, daß die Blutverwandtschaft des Stammes eine Fiktion ist, daß es sich bei der Zugehörigkeit um das zu einem bestimmten Häuptling bestehende Treueverhältnis handelt.

Wichtigste Einheit neben dem Stamm war und ist der Kral (umzi), den man auch als Haushalt oder Großfamilie bezeichnen kann. Er besteht regelmäßig aus einem verheirateten Mann mit seinen Frauen und den noch von ihm abhängigen Kindern, zu denen sich oft weitere Verwandte oder auch in die Kralgemeinschaft aufgenommene Fremde gesellen. Innerhalb des Krals bilden dann die einzelnen Frauen mit ihren Kindern die kleinsten Einheiten, nämlich

24 Vgl. *Eiselen-Schapera* 1959, 263, 264; *Hunter* 1961, 269 ff.
25 Diese Darstellung folgt im wesentlichen *Hoernlé* 1959, 67 ff; vgl. auch *Hunter* 1961, 15 ff, 378; *Wilson* 1949, 11, 14; *Hammond-Tooke* 1954, 26 ff.

die Familien oder »Häuser« (indlu), die wiederum untereinander in einem strengen Rangverhältnis stehen. Mehrere Krals bilden zusammen einen Unterdistrikt oder ein Dorf (ibandla) — obwohl die sehr aufgelockerte Siedlungsweise der Süd-Nguni eine eigentliche geschlossene Dorfbildung nicht kennt —, an dessen Spitze ein Dorfältester steht. Mehrere Dörfer bilden dann den Distrikt, und alle Distrikte umfassen das Stammesgebiet. Die Dorfältesten gehören entweder zu den Freunden oder Verwandten des Häuptlings oder der Sippe an, die in diesem Dorf zahlenmäßig am stärksten vertreten ist[26]. Unterhäuptling in einem Distrikt (ilali) ist regelmäßig ein Sippenangehöriger des Häuptlings oder der Führer der Sippe, die sich unter die Herrschaft des Häuptlings begeben und sich in diesem Distrikt niedergelassen hat.

Mit dieser regionalen und politischen Gliederung stimmt die verwandtschaftliche nicht überein. Die nächstwichtige Verwandtschaftseinheit nach Familie und Kral ist die Sippe (lineage group, intsapo), deren Bindung auf der Abstammung von einem gemeinsamen Großvater in der männlichen Linie beruht[27]. Da ursprünglich die Söhne eines Kraloberhauptes (umnini'mzi) auch nach ihrer Verheiratung weiterhin mit ihren Familien für einige Zeit im väterlichen Kral verblieben, kann wohl geschlossen werden, daß früher die Sippe mit dem Kral übereinstimmte, so daß der Begriff Kral, auf damalige Verhältnisse angewandt, als regionaler Begriff zu gebrauchen ist, während der Begriff der Sippe ihm in verwandtschaftlicher Hinsicht entspricht[28]. Diese in einem Kral vereinigte Sippe war auf wirtschaftlichem Gebiet in der Lage, sich selbst zu versorgen. Nahezu alle benötigten Naturprodukte konnten sich die Kralangehörigen selbst beschaffen; die geringe handwerkliche Differenzierung brachte es mit sich, daß auch im Bereich der materiellen Kultur der Kral eine autarke Einheit bildete[29]. Durch die wirtschaftliche Unabhängigkeit relativ kleiner Gemeinschaften innerhalb des Stammesverbandes war Handel nicht lebensnotwendig und wurde daher kaum getrieben.

Mehrere Sippen schließlich bilden den Klan (isiduko), der gemeinsame Abstammung von einem Vorfahren in Anspruch nimmt, dessen Namen er auch führt. Die bestehende Klan-Exogamie wird dadurch etwas erleichtert, daß häufig Sippen sich von ihrem ursprünglichen Klan abspalten und einen eigenen, neuen Klan bilden. Da regional-politische und verwandtschaftliche Gliederung nicht übereinstimmen, ist es die Regel, daß Angehörige einer Sippe

26 Vgl. *Hammond-Tooke* 1954, 27; *Wilson* 1949, 15.

27 Vgl. *Hammond-Tooke* 1954, 33; *Hoernlé* 1959, 80, 81; *Cook* 1931, 10.

28 Da die Kap-Nguni nicht in geschlossenen Dörfern siedelten, war es zur Abwehr von Überfällen feindlicher Stämme oder wilder Tiere ratsam, die Zahl der Bewohner des einzelnen Gehöftes nicht zu gering werden zu lassen; vgl. *Wilson* 1949, 10; *Hammond-Tooke* 1954, 26. Andererseits setzte der Bedarf an Weide für das Vieh auch eine Grenze nach oben.

29 *Simons* 1968, 88.

oder eines Klans in verschiedenen Distrikten leben, daß somit in einem Distrikt Angehörige verschiedener Sippen und Klans wohnen[30].

Selbstverständlich bewirkt der natürliche Unterschied zwischen den Geschlechtern ebenfalls eine gewisse Gruppierung; diese ist aber bei den Kap-Nguni in keiner Weise formalisiert. Ebenso wenig institutionalisiert ist die Einteilung in Altersgruppen. Zwar besteht ein besonders enger Zusammenhalt innerhalb derjenigen Gruppe von Jungen, die zusammen initiiert worden sind. Sie bilden aber weder eine Altersklasse noch eine Altersgruppe, ja noch nicht einmal eine militärische Einheit wie beispielsweise bei den Zulu.

Oberste Gewalt bei den Nguni-Stämmen hatten die Häuptlinge inne, die zusammen mit den Ältesten gleichzeitig hohes Gericht und höchstes Exekutiv-Organ bildeten[31]. Zweifelhaft ist, inwieweit in der traditionellen Gesellschaft eine Gesetzgebung vorhanden war. Es scheint jedoch sicher, daß etwaige Fälle von Erlaß neuer, genereller Normen — man denke an Tschakas Verbot der Beschneidung bei den Zulu — keineswegs mit Gesetzgebung im europäischen Sinn verglichen werden können[32], denn die eigentliche Rechtsneubildung und Fortentwicklung geschah in den als Präjudizien dienenden Gerichtsurteilen[33].

Die Stellung des Häuptlings kann außerordentlich variieren. Es wäre aber falsch anzunehmen, daß das alle Lebensbereiche durchdringende patriarchalische Prinzip ihn in der Regel zu einem absoluten Herrscher machte. Ein erhebliches Gegengewicht konnten die Ältesten in allen Angelegenheiten des Stammes bilden[34]. Dieser Rat hatte keine fest umgrenzte Mitgliederzahl, auch keine klar definierten Funktionen, vielmehr gehörten ihm all die Männer an, die sich im Stamm irgendwie auszeichneten, sei es als Sippenälteste, als hervorragende Krieger, als gute Jäger, durch Reichtum oder durch Weisheit. Sie waren in der Lage, den Häuptling zu beraten, ihm in seinen Vorhaben zu helfen oder eben seine Pläne zu verhindern. Ohne die amapakati fand keine Gerichtsverhandlung statt und wurde kein für den Stamm wichtiger Beschluß gefaßt. Der Häuptling (inkosi) ernannte sie nach ihren Meriten, sie bildeten eine Art Parlament des Stammes.

Neben diesem großen Rat gab es noch den Kreis der persönlichen Berater

30 *Hammond-Tooke* 1954, 33.

31 Diese Darstellung folgt im wesentlichen *Schapera* 1959, 173 ff und 197 ff.

32 Es sind Fälle bekannt, in denen der Häuptling mit seinen Ratgebern zusammen Gesetze erlassen hat, auch bei den Kap-Nguni; vgl. Comm. 1883 I, Nr. 8553, 488, und II, Appendix C, 58, unter A. 2. Im allgemeinen sind solche Fälle aber sehr selten gewesen, bevor mit dem Europäer die großen sozialen und wirtschaftlichen Veränderungen auftraten, die eine schnelle Anpassung an die neuen Verhältnisse auch in rechtlicher Hinsicht notwendig machten. Vgl. dazu *Schapera* 1943, 8 und 65; Comm. 1883 I, 517 ff; *Hammond-Tooke* 1954, 34; *Warner* 1906, 56, 57.

33 Vgl. *Dugmore* 1906, 33, 34, und *Warner* 1906, 57.

34 Vgl. *Dugmore* 1906, 24 ff; *Passarge* 1908, 251; *Schapera* 1956, 43, 60, 69, 70; *Hammond-Tooke* 1962, 204, 210 ff; *Döhne* 1843, 15; *Hunter* 1961, 393.

des Häuptlings, die ihm in allen Angelegenheiten, auch denen des täglichen Lebens, zur Seite standen. Ihr Einfluß war natürlich größer als der des großen Rates, ohne den allerdings die für den ganzen Stamm wichtigen Entscheidungen nicht ergehen konnten. Ein besonderes, offizielles Amt hatte der oberste Ratgeber (umpakati omkhulu), über den allein jeder Zugang zum Häuptling führte.

Entsprechendes galt auf den Ebenen der Distrikte und Dörfer. Eine besondere Staatsangehörigkeit gab es bei den Kap-Nguni nicht, sie wurde durch die gemeinsame Treuepflicht gegenüber einem bestimmten Häuptling definiert, wie bereits ausgeführt.

6. Der Kral im einzelnen

Das Dorf bei den Kap-Nguni bildet, wie schon angedeutet, keine geschlossene Siedlung, sondern stellt, an einem Hügelhang oder in einem Flußtal weit hingestreckt, vom nächsten Dorf durch Weide oder Brachland getrennt, eine recht aufgelockerte Einheit dar[35]. Zwischen den einzelnen Gehöften (Krals) ist für Felder und Gärten hinreichend Platz. Im Kral selbst bilden alle Hütten, die voneinander einen Abstand von einigen Metern haben, einen Halbkreis um den Viehkral oder Pferch, dessen einziges Tor der Türöffnung des Haupthauses genau gegenüber liegt. Zwischen beiden befindet sich der Hof (ikundla), der im gesellschaftlichen Leben des Gehöftes eine wesentliche Rolle als Versammlungsplatz zu allen Gelegenheiten spielt. Die Reihenfolge der Hütten wird bestimmt durch den Rang, den ihre Bewohner in der Kral-Hierarchie innehaben. Regelmäßig bewohnt jede Frau des umnini'mzi — Polygynie wird bei den Kap-Nguni angestrebt und gilt als Statussymbol — eine Hütte für sich allein mit ihren Kindern. Die zuerst geheiratete Frau wird die Hauptfrau (inkosikhazi) ihres Mannes und hat damit als Rangälteste die führende Rolle gegenüber allen später geheirateten Frauen. Nur bei einem Häuptling bestimmt sich der Rang der Frauen nicht nach der Reihenfolge des Eheschlusses, sondern Hauptfrau ist diejenige, zu deren Brautpreis (ikhazi) der ganze Stamm beiträgt, da es sich bei dieser Frau um die »Mutter des Stammes« handelt. Im Normalfall ist dann die zweite geheiratete Frau die »zur rechten Hand« (umfazi wasekunene), deren Hütte sich, blickt man auf den Eingang zum Viehkral, rechter Hand befindet. Alle weiteren Frauen werden mit ihren Hütten an die Häuser der inkosikhazi oder umfazi wasekunene angereiht und bilden zusammen mit diesen die Abteilung des Großen Hauses bzw. die des Hauses zur Rechten Hand. Die beiden zuerst geheirateten Frauen haben darin die Rolle der Seniorinnen inne, wobei dann wiederum der Hauptfrau ein höherer Rang zukommt als der rangältesten Frau zur Rechten Hand. Unter den Ju-

35 Diese Darstellung folgt im wesentlichen *Hoernlé* 1959, 74 ff; vgl. auch *van Tromp* 1948, 81 f.

niorinnen (amaqadi) richtet sich der Rang ebenfalls nach der Reihenfolge des Eheschlusses. Bei Häuptlingen der Xhosa[36] gibt es zuweilen noch ein weiteres Haus, das sogenannte ixhiba-Haus, das der Häuptling im Kral seines Vaters einrichtet und dem gewisse repräsentative Funktionen zukommen. Im Zusammenhang dieser Arbeit erübrigt es sich jedoch, auf diese Variante weiter einzugehen. Es sei noch einmal klargestellt, daß jede Eheschließung ein neues Haus begründet, etwa im Sinne einer neuen Familie, das eine gewisse Selbständigkeit besitzt, seine eigene Identität, seinen eigenen Rang, eigenen Besitz und auch einen eigenen Erben, wie später noch im einzelnen dargetan werden wird. Der Rang des Hauses wird nicht nur vom Rang der in ihm residierenden Frau bestimmt, sondern bestimmt seinerseits auch denjenigen aller seiner Bewohner. So sind alle Kinder von der Seite des Haupthauses rangälter als die von der Seite zur Rechten Hand und haben ihnen gegenüber die Stellung eines älteren Bruders bzw. einer älteren Schwester.

Kann eine der beiden Seniorinnen überhaupt keine Kinder gebären oder keine Kinder mehr haben, nachdem sie nur Töchter geboren hat, so ist es dem Ehemann gestattet, eine weitere Frau zu heiraten, die keinen eigenen Status erwirbt, sondern lediglich als »Bauch«, als »Uterus« der Frau gilt, die keine Kinder bzw. Söhne hat[37]. Mit ihrer Heirat verliert diese dann ihre eigene Individualität und geht in dem Haus auf, in dem sie für Nachwuchs sorgen soll. Die von ihr geborenen Kinder werden als die der Hausherrin angesehen, treten aber immer hinter leiblichen Abkömmlingen zurück. Nicht unbekannt ist den Kap-Nguni das Konkubinat[38], jedoch läßt sich über die Stellung der Konkubinen (ishweshwe) wenig allgemeinverbindliches sagen. Die Existenz von Prostituierten (ihenyukhazi) in früheren Zeiten wird von den Kap-Nguni bestritten[39].

7. Individueller Lebenslauf

Da die Kap-Nguni in der Regel ihr genaues Alter nicht kennen, richtet sich ihr sozialer und damit auch ihr rechtlicher Status in der Stammesgemeinschaft nicht nach der Erreichung einer bestimmten Altersgrenze, sondern nach dem

36 *van Tromp* 1948, 95, 96.

37 *van Tromp* 1948, 94, 95; *Soga* 1931, 53; die Situation einer solchen Frau wird treffend durch den Xhosa-Ausdruck bezeichnet »ukuhlal'emnyango«, was so viel heißt wie »sie lebt auf der Türschwelle«. Die Situation der isisu verändert sich jedoch, wenn die Frau, für die sie »Bauch« ist, stirbt; dann nimmt die isisu ihre Stelle ein mit allen Rechten und Pflichten, vgl. *Seymour* 1960, 90 und zu weiteren mit diesem Gegenstand verbundenen Fragen 180 ff. Bei den Bhaca wird dieser Brauch nur von den Häuptlingen geübt, vgl. *Hammond-Tooke* 1962, 201; man nennt ihn »ukuvusa amabele«.

38 Vgl. *van Tromp* 1948, 173, 174.

39 Vgl. *van Tromp* 1948, 174, 175.

Eintritt bestimmter natürlicher und sozialer Ereignisse, wie etwa der ersten Menstruation, der Initiation[40], der Heirat, dem Verlassen des elterlichen Krals.

Als Mensch wird erst das lebend geborene Kind nach der Trennung der Nabelschnur angesehen[41]. Zuvor ist es Teil der Mutter. Es wächst in der mütterlichen Obhut heran und steht rechtlich unter der Kontrolle und Vormundschaft des betreffenden Kraloberhauptes, in der Regel also seines Vaters oder Großvaters, oder nach dessen oder deren Tod unter der Vormundschaft des Haupterben des Vaters bzw. Großvaters. Es hat gegen den umnini'mzi einen Anspruch auf Unterhalt, ihm obliegen jedoch, seinem Alter entsprechend, auch gewisse Pflichten[42]. Zunächst ist das Kind aber weder fähig, selbständig Rechte zu erwerben oder auszuüben, noch werden ihm Vergehen gegen die Rechtsordnung zugerechnet. Ein Sprichwort der Xhosa[43] vergleicht das Kind mit einem jungen Hund, dessen Augen sich noch nicht geöffnet haben. Wie der Welpe sieht es nicht, was es tut, und kann somit auch dafür nicht verantwortlich gemacht werden. Auch den umnini'mzi trifft so lange keine Haftung, wie das Kind noch nicht hinreichend einsichtig ist, sein Tun zu überschauen[44]. Das Kind ist jedoch durchaus rechtsfähig, mag sein besonderes Eigentum haben, vielleicht darunter sogar ein Haustier, das etwa der stolze Vater seinem Lieblingssohn überträgt[45].

Einen wesentlichen Einschnitt im Leben eines jeden Jungen bildet die Erreichung des Alters, ungefähr im sechsten oder siebten Lebensjahr, in dem er für vernünftig genug gehalten wird, mit Altersgenossen das Vieh zu hüten, zunächst vielleicht Schafe und Ziegen, dann aber auch bald die Rinder und Ochsen[46]. Zwar verändert sich dadurch seine rechtliche Stellung nicht, wohl aber sein sozialer Status, denn das Vieh ist der kostbarste Besitz der Kap-Nguni. Etwa zur gleichen Zeit gilt der Junge dann auch als reif genug, Recht und Unrecht unterscheiden zu können. Die Welpen haben ihre Augen geöffnet, der umnini'mzi ist für Schäden verantwortlich, die sie anrichten. Gleichzeitig gilt aber auch die Regel »inja yakho ibambela wena«, »Dein Hund jagt für Dich!«. Was der Hund fängt, was das Kind erwirbt, steht zur Verfügung des umnini'mzi[47]. So lange der Junge jedoch noch inkwenkwe, Knabe, ist,

40 *Soga* 1931, 99.
41 Vgl. *van Tromp* 1948, 1.
42 Vgl. *Seymour* 1960, 157—159.
43 Azika-tungululi, d. h. sie (die jungen Hunde oder Katzen) haben ihre Augen noch nicht geöffnet; übertragen: sie nehmen (das Unrecht) noch nicht wahr. Vgl. *Kropf-Godfrey* 1915, 435 »tungulula«; *van Tromp* 1948, 2.
44 Vgl. *van Tromp* 1948, 2; *Whitfield* 1948, 258, mit weiteren Zitaten; *Seymour* 1960, 56; Daza vs. Ngetshola, 2 NAC 101, *Flagstaff* 1910; Skenjana vs. Geca, 6 NAC 4, *Tsolo* 1928.
45 *Seymour* 1960, 51.
46 Vgl. *van Tromp* 1948, 2; *Seymour* 1960, 159; *Molema* 1920, 121.
47 Vgl. *van Tromp* 1948, 137, 138; das gilt im Negativen wie im Positiven, ob das Kind Schaden anrichtet oder etwas erwirbt.

kann er keinen ihn belastenden Vertrag eingehen[48], er kann sich auch weder verloben noch heiraten. Diese Rechte erwirbt er erst mit der Initiation.

In langwierigen Zeremonien wird der inkwenkwe in die volle Verantwortlichkeit eines Manne eingeführt. Früher dürfte bei allen Völkern der Kap-Nguni die Beschneidung das markanteste Ereignis in dieser Übergangsperiode gewesen sein, heute wird sie nur noch bei einigen Stämmen geübt[49]. Das Alter der Initianten liegt etwa zwischen 15 und 20 Jahren. Während der Initiationsperiode leben die abakwetha in einer eigens für sie errichteten Hütte, weitab von ihrem Dorf. Sie gelten als iinyamezane, wilde Tiere, nicht als Menschen. Sind die Wunden verheilt und die Ausbildung und Zeremonien abgeschlossen, werden sie feierlich ins Dorf zurückgeführt, alle ihre alte Habe wird verbrannt, und man installiert sie nun als junge Männer (ikrwala). Sie erhalten Geschenke, können Verträge abschließen, sich verloben, heiraten, den umnini'mzi vertreten, den Vorfahren Opfer bringen, selbst umnini'mzi werden, erben. Dennoch bleiben sie unter der Vormundschaft des Kraloberhauptes, in dessen Kral sie wohnen, selbst wenn sie verheiratet sind und Kinder haben. Die Bedeutung der Initiation bei Männern zeigt sich in der Tatsache, daß etwa bei den Stämmen, die noch beschneiden, auch heute noch ein Unbeschnittener, und mag er bereits im Greisenalter sein, als inkwenkwe, als ein Knabe betrachtet wird[50].

Die Heirat selbst bringt dem Mann, wie bereits gesagt, keine bedeutenden rechtlichen Veränderungen in seinem Status[51]. Bei der Wahl seiner ersten Frau hat sein Vater zusammen mit dem Familienrat noch einen sehr großen Einfluß. Dieser hat nicht nur rechtliche, sondern auch praktische Ursachen. Die Familie, d. h. der heimatliche Kral, stattet den jungen Mann nämlich mit den zum ikhazi, dem Brautpreis, notwendigen Rindern aus. Dazu ist der umnini'mzi zwar verpflichtet, es gibt ihm aber auch sein sehr willkommenes Mittel in die Hand, den Einfluß der Familie geltend zu machen. Für die Zeit, die das junge Ehepaar noch im Kral des Vaters lebt, unterstehen beide, natürlich ggf. auch ihre Kinder, der Vormundschaft des Vaters. Das ergibt sich aus der patriarchalischen Rolle des umnini'mzi, der alle ständigen Einwohner des Krals zu beschützen und zu versorgen hat, die aber auch seiner Kontrolle und Vormundschaft unterstehen[52].

Eine Stellung, die nach europäischen Begriffen der Volljährigkeit nahekommt, erreicht der Mann erst, wenn er seinen eigenen Kral, sein eigenes Gehöft gründet, er selbst umnini'mzi wird. In der Regel wird das in der Zeit

48 Vgl. *van Tromp* 1948, 2, 3.
49 Vgl. *Hoernlé* 1959, 81; *Wilson* 1949, 17; *Hammond-Tooke* 1954, 31, 32; *Cook* 1931, 52.
50 Vgl. *van Tromp* 1948, 4.
51 Vgl. *van Tromp* 1948, 4.
52 Vgl. *Seymour* 1960, 10.

nach Eingehung seiner ersten Ehe liegen und etwa mit dem zweiten Eheschluß zusammenfallen. Der junge Mann ist nun indoda, volles Mitglied der Stammesgesellschaft, von seinem Vater rechtlich unabhängig, wenngleich er ihm auch weiterhin Gehorsam schuldet, und übernimmt für die eigenen Handlungen und auch für die seiner Frauen und seiner Kinder volle eigene Verantwortung[53].

Weniger streng markiert sind die Lebensabschnitte der Mädchen und Frauen. Kleine Mädchen helfen schon in sehr frühem Alter im Haushalt und bei der Versorgung ihrer jüngeren Geschwister. Das Erreichen ihrer Pubertät wird durch die intonjane-Zeremonie feierlich begangen. Intonjane ist aber nicht unbedingt erforderlich, denn das einfache Erreichen der Geschlechtsreife (ukuvela kwamabele) macht ein Mädchen bereits heiratsfähig. Für die Deliktsfähigkeit eines Mädchens bzw. die Haftpflicht des umnini'mzi gilt das über Knaben Ausgeführte entsprechend. Rechtsfähig ist es ebenso wie ein Junge, aber es gibt keine Möglichkeit für eine Frau, einen Status zu erreichen, der es ihr erlaubte, grundsätzlich in eigener Verantwortung zu handeln. Von der Vormundschaft ihres Vaters wird sie in die Vormundschaft ihres Schwiegervaters oder ihres Mannes übernommen[54]. Will eine verheiratete Frau etwa Rechte gegen ihren Ehemann durchsetzen, muß sie sich entweder ihres ältesten Sohnes oder eines männlichen Mitgliedes ihrer Sippe als Prozeßvertreter bedienen, da sie selbst nicht postulationsfähig ist[55].

Die Adoption eines Kindes ist nach Nguni-Recht zulässig und wird praktiziert[56]. Andererseits kann ein Kraloberhaupt sich auch von einem Sohn trennen, indem er sich öffentlich von ihm lossagt und ihn verstößt[57]. Er haftet dann auch nicht mehr für dessen unerlaubte Handlungen. Die gleiche Rechtsfolge tritt ein, wenn ein Familienoberhaupt einen seiner Söhne enterbt.

Witwen verbleiben regelmäßig in der Kralgemeinschaft ihres verstorbenen Mannes und fallen dann unter die Vormundschaft seines Erben, also unter die dessen rangältesten Sohnes[58]. Von einigen der Nguni-Stämme in der Kap-Provinz wird ein dem Levirat verwandter Brauch praktiziert[59], das ukungena oder ukuzalela. Unter ukungena wird üblicherweise die Verbindung verstanden, die darauf abzielt, dem verstorbenen Kraloberhaupt noch einen Sohn zu gebären, wenn er keine eigenen Söhne hatte, damit der Kral einen Erben erhält. Ukuzalela dagegen zielt nur auf die Vermehrung der legitimen Kinder

53 Vgl. Anm. 28; nur Männer werden daher »volljährig« im eigentlichen Sinne, vgl. *Seymour* 1960, 47.
54 Vgl. *van Tromp* 1948, 5.
55 Anders Comm. 1883 Nr. 7096, 394; *Seymour* 1960, 93.
56 Vgl. *Seymour* 1960, 155; *van Tromp* 1948, 147 ff; *Whitfield* 1948, 68.
57 Vgl. *van Tromp* 1948, 14; *Seymour* 1960, 151; *Soga* 1931, 59 (ukuhlamba).
58 Vgl. *van Tromp* 1948, 123, 126, 127; *Kropf* 1889, 152; *Seymour* 1960, 48, 141; *Kerr* 1961, 4; *Dugmore* 1906, 166 ff; *Warner* 1961, 89 Nr. 1032, 1033; *Soga* 1931, 57; *Whitfield* 1948, 93 ff.

des Verstorbenen Tembu, Xhosa, Nhlangwini und Bomvana lehnen diesen Brauch als Inzest[60] ab, da der natürliche Vater der Kinder in der Regel der älteste Bruder des Verstorbenen oder ein sonst vom Familienrat bestimmter Verwandter aus der männlichen Linie sein muß. Bei den Pondo und einigen Fingo-Stämmen besteht insoweit eine Ausnahme vom Inzest-Tabu. Allerdings wird bei ihnen ein besonderes Reinigungsopfer vollzogen, und die aus der ukungena oder ukuzalela Verbindung entstehenden Kinder gelten nur dann als die des Verstorbenen, wenn der Familienrat, d. h. die Versammlung der blutsverwandten Männer, der Verbindung zugestimmt hat[61]. Die wesentliche Funktion des ältesten Bruders hierbei ist auf die Tatsache zurückzuführen, daß er der Erbe sein würde, wenn sein verstorbener Bruder kinderlos, d. h. ohne Sohn und daher Erben, bleiben würde. Während des Levirats bleibt die Witwe im Kral ihres verstorbenen Mannes wohnen. Ein Entgelt für seine Dienste, wie bei den Zulu[62], kann der Erzeuger der weiteren Kinder nach dem Recht der Kap-Stämme nicht verlangen.

8. Recht

Die Wahrung der Traditionen des Stammes ist ein besonderes Anliegen der Ahnen. Vermissen sie eine genügende Beachtung von Sitten und Gebräuchen durch die Lebenden, so lassen sie ihre Unzufriedenheit durch Krankheit, Dürre und ähnliche Zeichen erkennen. Das Recht[63] dagegen bildet zwar auch Teil der Traditionen, seine Einhaltung wird jedoch unmittelbar von der Gemeinschaft erzwungen, da es sich bei den im Recht geregelten Bereichen meist um

59 *Soga*, aaO, *Seymour*, aaO, und *Whitfield*, aaO, verwenden in diesem Zusammenhang den Begriff »Inzest«, wie das auch die eingeborenen Beisitzer im Fall Foco vs. Selina (1930) NAC (C&O) 24, zitiert bei *Whitfield* 1948, 94, taten. Die Bezeichnung Inzest (Blutschande) findet nicht nur Anwendung auf den Geschlechtsverkehr zwischen Verwandten, sondern auch auf den zwischen Verschwägerten, vgl. *Hirschberg* 1965 (a), 199, »Inzest« und den § 173 des deutschen Strafgesetzbuches. Falsch ist die Erklärung Seymours (1960, 187) für das Leviratsverbot, daß »women naturally belong to the same clan as their husbands«, und daß die bestehende Klanexogamie die männlichen Verwandten des verstorbenen Mannes daran hindere, mit der Witwe geschlechtlich zu verkehren. Mit der Heirat wechselt die Frau doch nicht ihre Klanzugehörigkeit!

60 Aus diesem Reinigungsopfer ließe sich schließen, daß grundsätzlich bei allen Nguni-Stämmen der Geschlechtsverkehr zwischen Witwe und Bruder des verstorbenen Ehemannes verboten ist. Da aber die Verwandten des Verstorbenen Wert darauf legen, daß die zu zeugenden Kinder »should be fathered by a man of their own blood, rather than by an outsider to the family group to which they belong«, um zu vermeiden, daß »bastards into the family« kommen, gestattete man, rituelle Reinigungen vorausgesetzt, das Levirat; vgl. *Seymour* 1960, 186.

61 Vgl. *Seymour* 1960, 186 ff.

62 Vgl. Shezi vs. Shezi, 1945 NAC (T&N) 1, Natal; *Seymour* 1960, 191.

63 Vgl. hierzu *Hunter* 1961, 413 ff. und *Schapera* 1959, 197.

die wichtigsten Belange der Gesellschaft handelt. Der Mensch greift durch eigene Sanktionen den Sanktionen der Ahnen vor[64].

Das zeigt sich deutlich bei den Reifefeiern, die für Knaben zwingend vorgeschrieben sind, ohne die er nicht heiraten kann, die hingegen bei Mädchen zwar der Sitte entsprechen, oft aber erst bei Krankheit oder Fehlgeburt des Mädchens oder der bereits verheirateten Frau nachgeholt werden, um die Ahnen zu besänftigen. Für den Mann ist in der patriarchalischen Gesellschaft der Kap-Nguni die mit den Reifefeiern verbundene Einführung in seine zukünftigen gesellschaftlichen Pflichten von größter Bedeutung, da er einmal einer Familiengruppe vorstehen und für diese verantwortlich sein, daneben aber auch an allen wichtigen Entscheidungen des Stammes beteiligt sein wird. Die geringe Bedeutung der Frau im sozialen Leben läßt dagegen eine Einweisung häufig als überflüssig erscheinen. So hat denn nur bei Jungen die Reifefeier eine rechtliche Funktion.

Recht und Sitte unterscheiden sich bei den Kap-Nguni demnach eher graduell als qualitativ. Eine klare Abgrenzung zwischen beiden ist nicht vorhanden. Das wiederum bewirkt eine größere Flexibilität bei der Rechtsanwendung, die sich nicht an starr formulierten Prinzipien orientiert, sondern an Präzedenzfällen, wobei eine pragmatische Rechtsfindung bevorzugt wird.

Beispielhaft sei hier eine Gerichtsentscheidung angeführt[65], in der die eingeborenen Beisitzer wie folgt zitiert werden: »The Native Assessors stated that the isipipo beast and its increase are always the inheritance of the youngest son of the family and that usually a breeding animal is given ...«. Dieses Denken in Beispielen kommt deutlich auch in einem anderen Fall[66] zum Ausdruck, in dem einer der eingeborenen Beisitzer erläutert: »This case has no precedent!« Aus den Formulierungen ergibt sich klar die Bezugnahme der Beisitzer auf ihnen bekannte Fälle, nicht aber die Beurteilung eines Falles nach einer abstrakten Regel.

So dienen denn Sprichwörter und Merksprüche, oft allegorisch, als Gedächtnishilfen für Rechtstendenzen und rechtliche Grundsätze[67]. Zwischen dem Recht und der sozialen Wirklichkeit bei den schriftlosen Völkern besteht aber, worauf besonders Trimborn[68] hingewiesen hat, eine viel engere Beziehung als in den modernen Kulturen der heutigen Zeit[69], da das naturvölkische Recht

64 Zur Schwierigkeit, Recht und Sitte gegeneinander abzugrenzen, vgl. *Trimborn* 1936, 15.

65 Myendeki vs. Sidekwana, 2 NAC 6 (1910), zitiert in *Warner* 1961, 243 (Nr. 2869).

66 Magandela vs. Nyangweni, 1 NAC 14, zitiert in *Whitfield* 1948, 92.

67 So *Schapera* 1959 (b), 197; vgl. auch *Schapera* 1966, 121 ff, wo allerdings nur auf Tswana Bezug genommen wird.

68 *Trimborn* 1936, 16.

69 Man denke nur an das deutsche Strafrecht, das heute noch Grundsätze des vergangenen Jahrhunderts enthält und damit in keinem Verhältnis zu modernen Erfordernissen steht. Als Beispiel sei auf die notorische Abgrenzung von einfachem zum schweren Diebstahl hingewiesen.

nicht in ein starres, formalisiertes, geschriebenes corpus iuris gezwängt ist. Recht und Sitte einerseits und Religion und Wirtschaft andererseits sind Komplexe innigster Wechselwirkung[70]. Die erwähnten Merksprüche haben daher oft keinen spezifisch juristischen Inhalt, sondern werden nur unter anderem auch zur Kennzeichnung oder Interpretation juristischer Fragen herangezogen.

Dafür gibt das Sprichwort »Nok'ifileyo inyoka, itambo layo lihlala umntu afe« (Obwohl eine Schlange tot ist, können ihre Knochen einen Menschen tödlich verletzen) ein gutes Beispiel. Die Kap-Nguni glauben, daß die Verletzung mit einem Schlangenknochen ebenso tödlich ist wie deren Biß[71]. Darüber hinaus beinhaltet das Sprichwort aber auch die Warnung, daß eine längst begrabene Sache unter Umständen erneut Ärger machen kann. Und zuletzt gilt der Spruch als Merkregel dafür, daß es das Rechtsinstitut der Verjährung bei den Nguni nicht gibt.

Bereits erwähnt wurde der Spruch »Inja yakho ibambela wena« (Dein Hund jagt für Dich), der auch in der Form »Inja ibambela umniniwe« (Der Hund jagt für seinen Herrn) gebräuchlich ist[72]. Rechtlich weist er auf die Beziehungen zwischen umnini'mzi und Kralangehörigen hin: was beispielsweise das Kind erwirbt, hat es dem Vater zur Verwaltung abzuliefern; andererseits haftet der Vater für alle Schäden, die das Kind anrichtet.

»Das Vieh, nicht die Menschen zeugen die Kinder«[73] weist auf die Bedeutung des ikhazi oder des isondhlo für die Zuordnung der Kinder zur Familie des Vaters oder der der Mutter hin. Auf diesen Spruch wird noch näher einzugehen sein, wie auch auf »Alles Blut gehört dem Häuptling«[74]. Mit diesen Worten wird angedeutet, daß sämtliche Delikte, bei denen ein Mensch zu Schaden kommt, durch eine Buße an den Häuptling geahndet werden.

Als letztes Beispiel sei schließlich »Indaba yakatombi ayikolelwa«[75] genannt. »Dem Bericht des Mädchens ist nicht zu glauben«, wenn es seinen Ehemann verläßt und zu seinen Eltern zurückkehrt mit der Begründung, es sei schlecht behandelt worden. Bevor Konsequenzen aus der Erzählung des Mädchens gezogen werden, bedarf diese noch der Bestätigung durch andere.

Neben solchen Sprüchen sind auch allegorische Redewendungen bemerkenswert, die bestimmte rechtliche Situationen charakterisieren. »Ayika tungululi« (Sie haben die Augen noch nicht geöffnet) und »ukuhlal'emnyango« (auf der Schwelle sitzen) wurden bereits erwähnt. »Ndiboleke« (Ich leihe) sagt der junge Mann oder dessen Vater zur Familie einer in Aussicht genommenen

70 *Trimborn* 1936, 16.
71 *Kropf-Godfrey* 1915, 307—308 »nyoka«; Informant E.
72 *van Tromp* 1948, 137.
73 *Seymour* 1960, 187.
74 *Kidd* 1925, 353.
75 *Whitfield* 1948, 138.

Braut, für die er nicht hinreichend ikhazi besitzt. Damit bietet er an, den restlichen Brautpreis in angemessener Zeit nach der Hochzeit zu leisten[76].

Bedauerlicherweise ist es mir während meines Feldaufenthaltes nicht möglich gewesen, Sprüche und Redewendungen im Zusammenhang mit dem Thema »Eigentum« zu sammeln. Sicherlich hätte solches Material nichts an den Ergebnissen der Arbeit geändert, würde aber der Veranschaulichung dienen können. Es ist zu hoffen, daß diesem Mangel zu einem späteren Zeitpunkt abgeholfen werden kann.

Typisch für das Recht der Kap-Nguni ist es auch, daß kein Unterschied gemacht wird zwischen materiellem und formellem Recht. Materiell formulierte Aussagen stellen sich häufig als reine Beweisregeln heraus. Diese Tatsache macht insbesondere auch Feldarbeit schwierig, da es den Informaten regelmäßig sehr schwerfällt zu abstrahieren, vielmehr nur anhand einer Fallreihe Rechtsgrundsätze herauszufinden sind. Oft schien es auch so, als ob bei der Lösung eines besonderen Falles grundlos von einer Tendenz abgewichen wurde. Es stellte sich dann aber bald heraus, daß die gefundene Lösung aus bestimmten, nicht im Bereich des Rechts liegenden Gründen pragmatischer war als die zunächst einzig richtig scheinende.

So wird auch kein theoretischer Unterschied gemacht zwischen öffentlichem und privatem Recht, obwohl de facto solche Unterschiede durchaus bestehen. Die bei der Abgrenzung auftretenden Unterschiede zu europäischen Vorstellungen sind dabei jedoch keineswegs so bedeutend, wie es z. B. Schapera annimmt[77]. Ins Auge fällt, daß etwa der Kreis der Tatbestände im Strafrecht relativ eng gezogen ist. Ausschlaggebend, ob ein Delikt zum Strafrecht zu rechnen ist, also eine Strafe verhängt wird, ist das öffentliche Interesse an der Ahndung. So gehören zum Strafrecht vor allem die Verletzungen der Rechtsgüter des Häuptlings oder überhaupt aller Stammesauthoritäten, soweit sich das Delikt gegen sie als Amtspersonen richtet. Dazu gehören auch die Delikte, bei denen Blut vergossen wird, also Tötungs- und Körperverletzungsdelikte, da, wie noch näher ausgeführt werden wird, das einzelne Stammesmitglied »dem Häuptling gehört«[78], aber auch Schadenszauber, Inzest, Verschwörung, Rebellion. Im Zivilprozeß, der durch Klageerhebung wegen Diebstahl, Verführung, Hausfriedensbruch und anderer Delikte anhängig gemacht werden kann, wird gleichzeitig über eine eventuell zu zahlende Buße an den Häuptling entschieden, eine Regelung, die dem im deutschen Recht bekannten Adhäsionsverfahren nicht unähnlich ist, wenngleich in Deutschland von dieser Möglichkeit fast nie Gebrauch gemacht wird[79].

76 *van Tromp* 1948, 47; *Soga* 1931, 266.

77 Vgl. *Schapera* 1959, 199; ähnlicher Auffassung wohl auch *Bruwer* 1963, 176.

78 »Alles Blut gehört dem Häuptling«, vgl. *Kidd* 1925, 353.

79 Regelmäßig werden Zivilverfahren getrennt zur Schadensregulierung durchgeführt; das Adhäsionsverfahren wird von den Strafgerichten durchweg abgelehnt, weil die Rechtslage nicht einfach genug sei.

Damit gehören die genannten Delikte aber — entgegen der Ansicht Schaperas[80] — allesamt zumindest a u c h in den Bereich des Strafrechts. Bei Diebstahl etc. herrscht zwar nicht die Offizialmaxime, eine Verfolgung tritt also nicht von Amts wegen ein, sondern es ist eine Art Strafantrag erforderlich, der darin gesehen werden kann, daß ein Ersatz des entstandenen Schadens verlangt wird. Solche Regelungen sind auch europäischen Rechten nicht fremd. Einigen sich die streitenden Parteien in diesen Fällen gütlich, dann unternimmt der Häuptling nichts, gelangt die Streitigkeit vor sein Gericht, so erhält nicht nur der Geschädigte Schadensersatz, dem Übeltäter droht auch noch eine Strafe. So scheint es denn, als ob in diesen Fällen die Strafe ein zusätzliches Druckmittel in den Händen des Opfers sein soll, Strafe auch für die durch Widerspenstigkeit verursachte Inanspruchnahme des Gerichts, eine Art zusätzliche Gerichtsgebühr.

II. Bantu-Recht und Eingeborenenrecht

Heute stehen sich in der Republik Südafrika zwei verschiedene Rechtssysteme gegenüber[1]. Allgemeine, grundsätzliche und umfassende Geltung besitzt das römisch-holländische Recht, und zwar für alle Bevölkerungsgruppen. Daneben gestattet jedoch der Native Administration Act Nr. 38 aus dem Jahre 1927 die Anwendung von zivilem Eingeborenenrecht unter bestimmten, besonders genannten Voraussetzungen. Das Recht der südafrikanischen Eingeborenen, d. h. insbesondere das der bantu sprechenden Völker, ist also heute, wenn man vom Strafrecht absieht, geltendes Recht. Dem war jedoch nicht immer so.

Vor der Annexion der freien Transkeigebiete durch die damalige Kapkolonie der Engländer Ende des vorigen Jahrhunderts herrschte zwar im Transkei das traditionelle Recht der dort lebenden Stämme und Völker, in der Kolonie war aber einzig anerkanntes Rechtssystem das des durch Gesetzgebung modifizierten römisch-holländischen Rechts, das auf alle Einwohner, gleich welcher Rasse, Anwendung fand. Freilich bedeutete das nicht, daß dadurch die Rechtsauffassungen der Eingeborenen geändert wurden. Sie fuhren auch als Untertanen der britischen Krone fort, nach eigenem Recht zu leben und zu handeln[2]. In geringem Umfang konnten Ansprüche nach traditionellem Recht vor Gericht verfolgt werden, da zum Beispiel das Prinzip der Vertragsfreiheit[3] die Erfüllung von für das Eingeborenenrecht typischen Kontrak-

80 *Schapera* 1959, 199.

1 Der hier gegebene Überblick folgt im wesentlichen *Seymour* 1960, 1—7; *Whitfield* 1948, 1—39; *Kerr* 1961, 1 ff.

2 Vgl. Präambel zu Native Succession Act aus dem Jahre 1864.

3 Vgl. für das römisch-holländische Recht Digest. 50. 1). 34; *Seymour* 1960, 1.

ten auch im römisch-holländischen Recht zur Pflicht macht, soweit sie nicht gesetzlich verboten sind oder gegen die guten Sitten, das Gemeinwohl oder die Billigkeit verstoßen[4]. Als Beispiel sei der nqoma-Brauch genannt, ein der Leihe verwandter Vertrag über Vieh, den abzuschließen auch weiße Siedler nicht anstanden.

Andererseits führte aber die grundsätzliche Mißachtung des Eingeborenenrechts als System zu schweren Unzuträglichkeiten. Beispielsweise wurde nach römisch-holländischer Auffassung die traditionelle Ehe als Konkubinat betrachtet, da sie nicht vor einem Standesbeamten geschlossen war und somit nicht den Anforderungen dieses Rechts entsprach. Das hatte nicht nur im Familien-, sondern auch im Erbrecht für die Eingeborenen fatale Folgen. Herkömmlich erben die ältesten Söhne einer jeden verheirateten Frau das Eigentum des betreffenden Hauses beim Tode ihres Vaters. Starb jedoch in der alten Kapkolonie ein Kraloberhaupt, ohne ein Testament zu hinterlassen, was beim damaligen Stand der Dinge die Regel war, und stritten sich nun seine Erben um den Nachlaß und zogen vor Gericht, so sah der Richter den Erblasser als unverheiratet an. Nach der auch heute im deutschen Recht noch zu findenden Fiktion galt er mit den von ihm gezeugten Kindern als nicht verwandt; dasselbe traf natürlich auf seinen Vater zu, so daß die Erbfolge über seine Mutter eintrat, d. h. seine Mutter erbte und nach ihr deren Kinder, also seine Geschwister, und nach deren Tod nur die Kinder seiner Schwestern, falls seine Brüder auch in traditionellen Ehen gelebt hatten. Die Erbfolge wickelte sich also über die weiblichen Verwandten ab, ein für den aus der patriarchalischen Gesellschaftsordnung der Bantu-Völker stammenden Menschen völlig unverständliches und damit ungerechtes Ergebnis[5]. Eine Änderung dieses unhaltbaren Zustandes erfolgte durch den Native Succession Act Nr. 18 aus dem Jahre 1864. Dieses Gesetz bestimmte, daß untestierte Nachlässe von Eingeborenen in der Kapkolonie, soweit diese Bürger der Kolonie waren oder in bestimmten Lokationen (städtischen Eingeborenensiedlungen) wohnten, nach Eingeborenenrecht verwaltet werden sollten, gleich, ob die Erblasser vor einem Standesbeamten geheiratet hatten oder nicht. Das bedeutete indessen keine Legalisierung der Eingeborenenehe, noch nicht einmal die Fiktion einer Ehe, sondern stellte nur die gesetzliche Regelung eines Sonderfalles dar, die Verknüpfung eines bestimmten Tatbestandes mit Rechtsfolgen, die denen einer Ehe ähnelten.

Die erste Anerkennung des Eingeborenenrechts als Rechtssystem erfolgte in den 80er Jahren des vorigen Jahrhunderts gleichzeitig mit der allmählichen Annexion aller Transkei-Territorien durch die Kap-Kolonie, als die in den soeben annektierten Gebieten eingerichteten Magistratsgerichte die Befugnis erhielten, Eingeborenenrecht anzuwenden, falls beide Parteien eines Prozesses

4 Vgl. Coutts vs. Jakobs 1927, E. D. L. 120; *Seymour* 1960, 2.
5 Vgl. Tabata vs. Tabata, 5 S. C. 328.

Eingeborene waren[6]. In der eigentlichen Kapkolonie blieb es jedoch bei der Alleingeltung des römisch-holländischen Rechts, modifiziert durch den Native Succession Act.

Eine allgemeine Regelung nicht nur für die Kapkolonie — die spätere Kapprovinz —, sondern für die gesamte damalige Südafrikanische Union brachte dann der Native Administration Act Nr. 38 aus dem Jahre 1927. Durch dieses Gesetz wurden besondere Eingeborenengerichtshöfe gegründet, die befugt waren, Eingeborenenrecht als Rechtssystem anzuwenden, falls die Parteien Eingeborene waren, es sich um einen dem Eingeborenenrecht entspringenden Rechtsstreit handelte und das anzuwendende Recht nicht den Prinzipien des Gemeinwohls und der natürlichen Gerechtigkeit entgegenstehen würde[7]. Dieser Rechtszustand hat sich bis heute erhalten. Die Rechtsprechung ruht auf unterster Ebene ganz im traditionellen Bereich, nämlich bei den Dorfältesten und Häuptlingen, erfolgt nach altem Brauch, und entsprechend werden auch die Urteile vollstreckt[8]. Von dort kann der Fall vor den Native Commissioner gebracht werden, der bislang weißer Beamter war; seit dem 1. April 1968 gibt es auch Native Commissioners schwarzer Hautfarbe. Ihnen steht im Gegensatz zu den Dorfältesten und Häuptlingen die Befugnis zu, auch römisch-holländisches Recht anzuwenden. Den Native Commissioners vorgeordnet sind dann wiederum die Native Appeal Courts und deren Appellate Division, die in schwierigen rechtlichen Fragen die Möglichkeit haben, Älteste und Häuptlinge als Beisitzer heranzuziehen[9]. Für Nichtigkeitserklärungen, Scheidung und Trennung von Ehen Eingeborener ist ein eigener Native Divorce Court gegründet. Den Eingeborenen steht auch der Zugang zum Supreme Court offen, dem allerdings verwehrt ist, Eingeborenenrecht als System anzuwenden.

Die heute mit der Anwendung des Eingeborenenrechts zusammenhängenden Fragen sind keineswegs restlos geklärt, liegen auch nicht einfach. Allein das Problem, wer unter den Begriff des Eingeborenen (»native«) fällt, hat zu umfänglichen Überlegungen Anlaß gegeben[10]. In der Tat ist es sicherlich keine leichte Aufgabe, eine zufriedenstellende Definition zu entwickeln, wenn man an die verschiedensten ethnischen Zugehörigkeiten der Bewohner Südafrikas denkt. So ist es durchaus keine Seltenheit, daß die Großeltern einer Reihe von Geschwistern Europäer und Bantu waren, die Eltern zu den Mischlingen (Coloureds) rechnen, von den Kindern, die als Mischlinge geboren sind, etwa die Hälfte körperlich und gesellschaftlich auch den Coloureds zuzurechnen ist, andere dagegen aber phänotypisch rein kaukasisch sind, auch ihre Reklassifizierung durchsetzen konnten und Weiße geheiratet haben. Es erscheint nicht aus-

6 *Seymour* 1960, 3 Anm. 14.
7 Vgl. Teil II (I) des Native Administration Act Nr. 38 aus 1927.
8 Section 12 (I), Nr. 38 aus 1927, NAA; *Seymour* 1960, 13.
9 Section 13 (I) NAA und Sect. 18 NAA.
10 Vgl. *Whitfield* 1948, 40—46; *Seymour* 1960, 8, 9.

geschlossen, daß andere Mitglieder solcher Familien zur Lebensweise der amaqaba zurückkehren und eines Tages aus rechtlichen Gründen ihre Reklassifizierung beantragen, was zum erstaunlichen Ergebnis dreier verschiedener Rassenzugehörigkeiten in einer Familie und in nur einer Generation führen würde.

So richtet sich denn die Frage, ob eine Person unter den Begriff »native« fällt, nicht unbedingt nach der ethnischen Zugehörigkeit, sondern auch nach ihren Lebensumständen[11]. Allerdings erlaubt es der Wortlaut des Native Adminstration Act unter keinen Umständen, einen reinblütigen Eingeborenen als Nicht-»native« zu betrachten, was diesem jedoch insoweit nicht schadet, als der für seine Klagen zuständige Native Commissioner sowohl römisch-holländisches als auch Eingeborenenrecht anzuwenden befugt ist. Andererseits sind schon Personen europäischer Abkunft als Eingeborene im Sinne des Native Administration Act angesprochen worden[12].

Auch die Frage, wann eine Streitigkeit dem Eingeborenenrecht angehört, ist oft umstritten, da die Rechtsfolgen eines Vertrages nach römisch-holländischer Auffassung ganz verschieden von denen nach Eingeborenenrecht sein können[13]. Diese Frage wird besonders bei sehr alten Darlehensschulden bedeutungsvoll, da zwar das römisch-holländische Recht, nicht aber das Eingeborenenrecht die Institution der Verjährung kennt. Zunächst hatte man diese Streitigkeiten immer nach römisch-holländischem Recht entschieden, »da ursprünglich der Eingeborenenkultur der Begriff des Geldes fremd und damit auch kein Darlehen in Geld möglich gewesen« sei[14]. Solche Entscheidungen sind aber auf energischen Widerstand gestoßen[15].

Eine Generalklausel, wie »unvereinbar mit dem Gemeinwohl und der natürlichen Gerechtigkeit«, führt naturgemäß zu einer Fülle divergierender Entscheidungen. Um daher wenigstens eine klare Linie zu ziehen, hat der Gesetzgeber dieser Formulierung im Native Administration Act[16] bereits hinzugesetzt, daß jedenfalls die Sitte des »Frauenkaufs« (ukulobola) diesen Prinzipien nicht widerspreche. Dennoch sind immer wieder Versuche gemacht worden, z. B. Prinzipien des christlichen Glaubens als Maßstab zu benutzen. Auch dies hat zu einer Fülle widersprüchlicher Literatur geführt[17].

Bereits durch solche Einschränkungen erhellt, daß das heute angewandte Eingeborenenrecht (»Native Law«) nicht reines Bantu-Recht (»Bantu Law«) ist, also nicht das eigentliche, ursprüngliche Recht, sondern eine Weiterentwicklung desselben. Auch das Bantu-Recht war, wie jedes lebende Kulturgut, nicht

11 Vgl. im einzelnen *Whitfield* 1948, 44 ff, insbes. 42, 43; *Seymour* 1960, 8 ff.
12 Wyatt vs. Wyatt 1959 NAC (S. D.), 119.
13 *Seymour* 1960, 25—46.
14 Vgl. Mhlongo vs. Mhlongo (1937), NAC (T&N) 124; *Whitfield* 1948, 20.
15 Vgl. Anm. 14.
16 Vgl. Anm. 7.
17 Vgl. *Whitfield* 1948, 23 ff; *Seymour* 1960, 34, 35.

statisch, sondern dynamisch, ständig in der Entwicklung begriffen. Die Anwesenheit der weißen Rasse in Südafrika hat den Entwicklungsprozeß noch beschleunigt und in neue Richtungen gedrängt. Um jedoch eine sachgerechte Interpretation und Weiterentwicklung des heutigen Eingeborenenrechts zu gewährleisten, ist es notwendig, das ursprüngliche Bantu-Recht genau zu kennen und sich der Funktion der einzelnen Elemente bewußt zu werden. Nur auf dieser Grundlage sind ein Verständnis und eine Lösung moderner Probleme möglich.

III. Eigentumsbegriff

In jeder Rechtsordnung spielt die Zuweisung der materiellen Güter eine grundlegende Rolle. Im gesamten kulturellen Zusammenhang ist von wesentlicher Bedeutung, welcher Person oder Personengruppe das höchstmögliche Maß an Verfügungsmacht über die vorhandenen Güter gewährt ist, wem im privatrechtlichen Bereich die Befugnis zusteht zu entscheiden, was mit den einzelnen Rechtsobjekten geschieht. Diese Fragen regelt das Eigentumsrecht.

Als Gegenstand des Eigentums kommen alle vermögenswerten Güter in Betracht. Das sind zunächst Sachen, dann aber auch Rechte. So war beispielsweise im Preußischen Allgemeinen Landrecht das Eigentum ausdrücklich auch auf andere Objekte als auf Sachen ausgedehnt; die gleiche Regelung findet sich im österreichischen Allgemeinen Bürgerlichen Gesetzbuch[1], während der § 903 des derzeit geltenden deutschen Bürgerlichen Gesetzbuches den zivilrechtlichen Eigentumsbegriff auf Sachen beschränkt[2].

Unter Eigentum verstehen wir das umfassendste Herrschaftsrecht, das man an einem Gegenstand haben kann[3]. Dieser Begriff ist also nur formaler Art und gilt daher für alle Rechtsordnungen. Es soll hier darunter nicht das allumfassende, das begrifflich schrankenlose Recht verstanden werden, dessen Beschränkungen von außen, insbesondere aus dem öffentlichen Recht, kommen, wie die gemeinrechtliche Doktrin annahm[4]. Vielmehr ist der Begriff des Eigentums, wie er hier gebraucht wird, zunächst inhaltsleer, aus ihm allein folgt nichts für den Inhalt des Rechtes, und jede Rechtsordnung muß die Frage selbständig beantworten, wer in welchem Umfang über die vorhandenen materiellen Güter verfügen darf.

1 *Eichler* 1954, 39.
2 Vgl. dazu *Baur* 1963, 191; *Palandt* 1958, 818.
3 *Baur* 1963, 190; *Westermann* 1960, 114; *Eichler* 1954, 140; *Staudinger-Seufert* 1956, 348, Rz. 1; *Wolff-Raiser* 1957, 173, 174.
4 Vor allen *Windscheid, Savigny, Gierke, Planck, Sohm;* vgl. *Staudinger-Seufert* 1956, 348, Rz. 3; *Wolff-Raiser* 1957, 147.

Es wäre nicht richtig, zur Eingrenzung des Begriffs »Eigentum« andere Kriterien heranzuziehen als das des »umfassenden Herrschaftsrechts«. So ist zwar beispielsweise die Veräußerbarkeit einer Sache in unserer Rechtsordnung grundsätzlich Teil des Eigentumsrechts. Es wäre aber falsch anzunehmen, Eigentum würde sich stets durch Veräußerbarkeit manifestieren. Da Veräußerbarkeit ein Kriterium ist, das den Inhalt, nicht aber den Begriff des Eigentums angeht, kann es ein Indiz für Eigentum sein, ist aber nicht unabdingbare Voraussetzung für das Vorliegen eines umfassenden Herrschaftsrechts.

Wenig praktikabel erscheint es auch, Eigentum als »ausschließliches Verfügungsrecht«[5] zu umschreiben. Recht und Verfügungsbefugnis liegen häufig nicht in derselben Hand, insbesondere dann, wenn es sich um Minderjährige oder aus anderem Grund nicht voll Geschäftsfähige handelt. Der ausschließlich Verfügungsberechtigte ist in solchen Fällen keineswegs der Eigentümer, wie sich weiter unten am Beispiel des Eigentums an Vieh zeigen wird.

Das umfassende Herrschaftsrecht, als das wir Eigentum beschreiben, muß selbstverständlich privater Natur sein. Es ist scharf zu scheiden von öffentlichen Rechten, die nicht eigentlich die Güterverteilung zum Gegenstand haben, sondern staatsbürgerliche Rechte sind, die das Verhältnis zwischen Staat bzw. Stamm und dem einzelnen betreffen, ein Über- oder Unterordnungsverhältnis. Hierhin würde etwa der Gemeingebrauch fallen. Im Privatrecht dagegen geht es um Beziehungen auf der Basis der Gleichordnung.

Da von Rechtsordnung zu Rechtsordnung der Inhalt des Eigentums verschieden sein kann, ja sogar innerhalb eines Rechtssystems verschiedene Inhalte des Eigentumsbegriffes nebeneinander bestehen können, hängen die in dieser Arbeit zu erörternden Fragen stark von den kulturellen Gegebenheiten bei dem untersuchten Volk ab. Recht, Religion und Wirtschaft formen sich in hohem Maße gegenseitig[6]. Es wird daher nicht zu umgehen sein, auch wesentliche Teile der Kultur der Kap-Nguni darzustellen. Sie werden unter einem speziellen Blickwinkel, nämlich dem der letzlichen rechtlichen Zuordnung, zu sehen sein.

5 Vgl. *Schott* 1959, 185.
6 Siehe *Trimborn* 1936, 16.

B. Die einzelnen Rechtsobjekte

I. Eigentum an Vieh

»Die wichtigste Habe aber der Kaffern ist das Vieh.«[1] Mit diesen Worten kennzeichnet der Missionar Döhne die Bedeutung von Rind und Ziege in der Kultur der Süd-Nguni. Allerdings ist zu betonen, daß die überragende Rolle dem Rind zukommt, wohingegen die Ziege als »poor man's cattle« in weit geringerem Ansehen steht[2].

»Rindviehzucht, obgleich immer noch nachlässig betrieben, ist der Kaffern größte Leidenschaft und Gottesdienst und ein Haupthindernis für eine bessere Landwirtschaft. Sie weiden ihre Augen an dem Vieh mit so großer Lust, daß ihre Phantasie sich Tag und Nacht damit beschäftigt. Sie besingen und loben dessen Eigenschaften, vergleichen es mit den höchsten Ideen von vernünftigen Menschen und mit noch höheren Kräften. Sie meinen, daß zwischen ihnen und ihrem Vieh eine besondere Sympathie nicht bloß auf Erden, sondern auch nach dem Tode stattfinde. Das Brüllen oder Schreien desselben, seine Kampfeslust und Stärke, sein Siegen oder Unterliegen im Kampfe sind ihnen gute und böse Anzeichen. Ochs, Bulle und Kuh sind Ehrentitel für starke, freigebige Leute geworden. Der Bulle war früher nur Eigentum des Häuptlings und versinnbildet dessen Macht und Stärke; Reichtum, Glück und Freigebigkeit stellt die Kuh dar. Jeder Stamm hat einen Stammesochsen, nach dem er auch, um ihn zu ehren, genannt wird, ebenso hat jeder vornehme Mann einen solchen Ochsen, dem er allerhand Ehrentitel gibt, der im Krieg geschont wird und nicht getötet werden darf, sondern wieder ausgeliefert werden muß. Die Krankheit und der Tod eines geliebten Ochsen veranlassen oft Klage und Geschrei, wie solches bei einem kranken oder gestorbenen Menschen laut wird ... Und wie beim Tode eines Menschen, so verlassen die Kaffern oft den Platz, wo der geliebte große Ochse verendet ist ... Je reicher der Mann an Vieh ist, desto angesehener ist er im Volke ... Jedes Stück Vieh hat seinen Namen.«[3]

Die Funktionen des Rindes bei den Süd-Nguni sind dreifach[4]: es spielt eine Rolle bei der Befriedigung primärer körperlicher Bedürfnisse, es hat eine feste Stellung in der Religion, und es bestimmt den sozialen Status des Eigentümers. An Nahrungsmitteln liefert das Rind Milch und Fleisch. Seine Haut wird zu Kleidung, Schuhwerk, Schilden etc. verarbeitet. Der Mist wird als Heizmaterial

1 Vgl. *Döhne* 1843, 9; ähnlich auch *Kropf* 1889, 108—111.
2 Vgl. *Cook* 1931, 112; *Hunter* 1961, 71.
3 So *Kropf* 1889, 108—109.
4 *Hunter* 1961, 65 ff; *Hammond-Tooke* 1955—56, 30, 53; *Hammond-Tooke* 1958, 37; zutreffend ist in diesem Fall auch die *Schott*'sche These (1960, 246), daß Eigentum an hervorragenden Gütern leicht religiöse Bedeutung erlangen kann.

benutzt. Da der Geschlechtsverkehr grundsätzlich die Ehe voraussetzt, spielt das Rind auch insoweit eine bedeutende Rolle, als der Brautpreis (ikhazi) in Rindern zu entrichten ist. Wichtig ist die Zahlung des ikhazi zur Eingehung der Ehe jedoch auch, um legitime Nachkommen zu haben, die in späteren Jahren den Ahnengeistern ihrer Vorfahren opfern. Die Opfertiere sind wiederum Rinder; ihre Schlachtung schafft Kontakt zur Ahnenwelt mit der Möglichkeit der Besänftigung eines erzürnten Verstorbenen oder der Durchsetzung einer Bitte gegenüber den Vorfahren. Die besondere magisch-religiöse Bedeutung des Rindes kommt auch darin zum Ausdruck, daß ein Abwaschen mit Mist (ukupotulisa) einen speziellen, magischen Reinigungseffekt hat. Hüttenböden werden immer wieder mit Kuhmist ausgewischt, aber auch Initianten (abakwetha) werden während ihrer Entlassungszeremonie damit gewaschen. Zur Herstellung eines ubulunga-Amulettes wird das Schwanzhaar einer bestimmten Kuh benutzt. Halten die Wassergeister (abantu bomlambo) einen Menschen beim Durchwaten in der Mitte des Gewässers fest, so kann dieser dadurch befreit werden, daß man eine Rinderherde durch den Fluß treibt, mit der zusammen der Betreffende dann wieder ans Ufer gelangt[5]. Keine wichtige Zeremonie ist denkbar ohne zumindest die Gegenwart der Rinder, wie etwa bei der Entlassungsfeier von abakwetha, wenn diese in Begleitung einer Herde zum Fluß gejagt werden, um dort von ihrer weißen Farbe befreit zu werden[6]. Und nicht zuletzt bestimmt die Anzahl der Rinder, die zu einem umzi gehören, dessen sozialen Status. Ist der umnini'mzi reich, kann er alle seine sozialen Pflichten erfüllen; er kann zu Ehren von Besuchern schlachten, er kann sich mehrere Frauen leisten, die wiederum mehr Äcker bestellen, mehr Hirse ernten als eine Frau allein. Mit mehr Hirse kann mehr Bier gebraut werden, größere Feste können gefeiert werden, der umnini'mzi hat mehr Freunde, sein sozialer und damit auch politischer Einfluß wächst[7]. Schließlich sind Rinder Zahlungsmittel und beliebtes Tauschobjekt. Wird von Gericht eine Strafe wegen eines Vergehens ausgesprochen oder muß Schadensersatz geleistet werden, so wird dies in Rindern festgelegt[8]. Die hervorragende Bedeutung seiner Rinder für den Nguni ergibt sich auch aus der Tatsache, daß Ochsenrennen eine sehr beliebte Freizeitbeschäftigung sind[9] und daß das isiXhosa Dutzende von Wörtern zur Bezeichnung von Rindern verschiedener Fellfärbung und Hornbildung aufweist[10]. Die oben zitierte Schilderung Kropfs ist also keineswegs übertrieben.

Kontrolle und Verfügungsgewalt über das gesamte Vieh eines umzi hat

5 So Informanten A, I, L und Information II.
6 Vgl. *Raum* 1968, 135.
7 Vgl. Comm. 1883 Nr. 8423, 479 (I); *Kropf* 1886, 109; *Lichtenstein* 1811—12, Bd. I 442.
8 Vgl. *Soga* 1931, 43; *Schapera* 1959, 200, 205 ff; *Dugmore* 1906, 37; *Warner* 1906, 63.
9 Vgl. *Döhne* 1843, 10; *Kropf* 1889, 111; *Hunter* 1961, 366, 367.
10 Vgl. *Hammond-Tooke* 1954, 38; Beispiele für die Pedi bringt *Mönnig* 1967, 169.

grundsätzlich der umnini'mzi, der »Eigentümer des Krals«, wie die xhosa Bezeichnung wörtlich übersetzt heißt[11]. Man geht daher in der Literatur meist davon aus, daß das Kraloberhaupt Eigentümer aller dem Kral und seinen Bewohnern zuzuordnenden Gegenstände, namentlich also des Viehs, ist:

»In Native Law all property whatever acquired by the kraalhead, or by or through an unemancipated member of his family, belongs to the kraalhead; no member of the family has an individual right to own anything.«[12]

Diese Auffassung stellt allein auf das Außenverhältnis, auf das Verhältnis gegenüber Dritten ab. Eine wirksame Verfügung über das Eigentum an einem Rind kann nur durch den umnini'mzi vorgenommen werden. Rechtsgeschäftliche Verbindlichkeiten entstehen nur dann, wenn sie durch das Kraloberhaupt eingegangen werden; schuldrechtliche Verträge aller anderen Kralangehörigen sind unwirksam, soweit sie auf eine Eigentumsübertragung an Vieh gehen[13]. Ebenso ist zum Abschluß eines dinglichen Vertrages nur der umnini'mzi in der Lage. Aber auch jegliche deliktische Haftung trifft im Außenverhältnis den umnini'mzi, sowohl die für eigene Rechtsbrüche als die für unerlaubte Handlungen von Personen, die unter seiner Vormundschaft stehen[14], wie bereits erwähnt worden ist. Deutlich wird gerade diese letztere Haftung beim sogenannten »spoor law«, das den Europäer zunächst verblüffen mag, das sich aber selbstverständlich aus der Rechtsauffassung der Süd-Nguni ergibt.

Das »spoor law« hat zum Inhalt, daß im Falle eines Viehdiebstahls derjenige umnini'mzi auf Schadensersatz haftet, bis zu dessen umzi die Spur des entwendeten Tieres verfolgt werden kann[15]. Es begründet die gesetzliche Vermutung, daß, endet die Spur in oder an einer Siedlung, ein Mitglied aus diesem Kral der Täter ist. Somit haftet, nach dem oben Gesagten, der umnini'mzi. Die Vermutung greift nur im Zivilrecht Platz; strafrechtlich ist sie irrelevant, da Diebstahl kein Offizialdelikt ist, also nicht von Amts wegen verfolgt wird. Folge des »spoor law« ist, daß der umnini'mzi Schadensersatz leistet und die Angelegenheit dann intern, das heißt innerhalb des umzi, ohne Beteiligung Dritter weiter regelt. Diese letzte Klärung ist erforderlich, da die Rechte an den einzelnen Rindern im Innenverhältnis keineswegs gleich sind.

Man kann im Innenverhältnis drei verschiedene Gruppen von Eigentum

11 Vgl. *Kropf-Godfrey* 1915, 271 »nini«; *McLaren* 1963, 104 »nini«.

12 So *Seymour* 1960, 49, der sich auf Mfazwe vs. Modikayi 1939 NAC (C&O) 18, und Mlanjeni vs. Macala 1947 NAC (C&O) 1 beruft.

13 *Seymour* 1960, 48.

14 *Seymour* 1960, 55 ff; *Rehme* 1891, 47.

15 Vgl. Ncakiswa vs. Magwetyana 4 NAC 341 (1918); Nkhuadi vs. Mafunda 3 NAC 266 (1913); Matyeni vs. Smayile 1936 NAC (C&O) 30; (bei *Warner* 1961, 392); Comm. 1883 I 26 No. 47; *Hunter* 1961, 414; *Brownlee* 1906, 122; *McLean* 1906, 68, 69.

unterscheiden[16], die allgemein als Kral-Eigentum, Haus-Eigentum und Personen-Eigentum bezeichnet werden. Damit ist jedoch keine eigentliche Aussage über die Rechte bestimmter Personen an den betreffenden Rindern gemacht, sondern die Bezeichnung erläutert nur die interne Zuordnung des betreffenden Stücks.

Bei Kral-Eigentum handelt es sich um Rinder, die nicht nur im Außen,- sondern auch im Innenverhältnis allein dem umnini'mzi zugeordnet sind. Zu ihnen gehören die Tiere, die das Entgelt für Dienste des umnini'mzi beispielsweise als Zauberer, Schmied oder anderer Handwerker bilden. Aus ihnen kann er das ikhazi für eine weitere Frau nehmen, bestreitet er Schadensersatz für eigene unerlaubte Handlungen, regelt er also die seine eigene Person betreffenden Verbindlichkeiten. Bei den meisten Völkern der Kap-Nguni ist ein gesondertes Kraleigentum allerdings selten, es bildet vielmehr meist Teil des dem Großen Haus zugeordneten Eigentums. Die hier beschriebene Rechtslage findet sich namentlich bei den Pondo, sonst bei den Natal-Nguni[17].

Haus-Eigentum dagegen ist einem einzelnen Haus zugeordnet, also einer einzelnen Familie innerhalb des Krals, bestehend aus einer Frau des Kraloberhauptes und ihren Kindern, u. U. aber auch aus den Familien seiner Brüder oder seiner Kinder. Die Familie hat für diese Rinder zu sorgen, besitzt aber auch das Nutzungsrecht an ihnen, also den ausschließlichen Milchgenuß. Darüber hinaus werden alle Verbindlichkeiten der Familie aus dieser Herde befriedigt, und alle Einkünfte der einzelnen Familienmitglieder gehen an diese Herde. Aus dem Hauseigentum also wird etwa das ikhazi für die Söhne bestritten oder die Aussteuer (bestehend aus drei Rindern, dem ubulunga-Tier, dem impotulo-Tier und dem inqakwe-Tier) für die Mädchen, wird Schadensersatz geleistet für Delikte der Familienmitglieder. Das Hauseigentum wird vermehrt durch Schadensersatzleistungen für Delikte, begangen an den Familienmitgliedern (Verführung von Töchtern oder Ehebruch mit dieser Frau), und Einkünfte der Familienmitglieder, welcher Art sie auch immer sein mögen (Entgelt für Zauberei, für Dienstleistungen oder aus Werkverträgen)[18].

Daneben kommt es aber auch oft vor, daß der umnini'mzi einige Rinder einem seiner Söhne persönlich zuordnet, oft wenn dieser noch jung ist, um damit den Grundstock für ein eigenes Vermögen des Betreffenden zu legen. Es wird sich bei diesen Tieren deswegen auch meist um Kühe oder Färsen handeln, damit deren Nachwuchs — die Frucht teilt das rechtliche Schicksal der Mutter-

16 Vgl. *Seymour* 1960, 92 ff; *Warner* 1961, 133—136; *Sellnow* 1961, 402.

17 So Informant Z.

18 *Seymour* 1960, 49 ff; Einkünfte der verheirateten Frauen gehen allerdings nur dann in die Verfügungsmacht des Ehemannes über, wenn die Ausbildung als Zauberin nach der Hochzeit erfolgt ist. War die Frau zu diesem Zeitpunkt bereits igqira, so stehen traditionell die Einkünfte aus ihrem Gewerbe ihrem Vater zu, vgl. *Simons* 1968, 197; Informanten B, C, D, G, K, N.

sache — dieses Vermögen vermehrt. Solches Personen-Eigentum kann als ikhazi für eine Frau des Sohnes Verwendung finden, kann ihm aber auch bleiben als Grundstock für eine eigene Herde, wenn er einmal selbst ein umnini'mzi ist[19].

Die einmal erfolgte Zuordnung von Vieh kann vom Kraloberhaupt nicht mehr ohne triftigen Grund geändert werden. Es ist üblich, daß der umnini'mzi vor jeder Disposition über einem Haus oder einer Person zugeordnetes Vieh die betroffenen Personen um ihre Stellungnahme bittet[20] und stichhaltige Argumente berücksichtigt.

Rechtliches Prinizp ist, daß einem bestimmten Haus zugewiesenes Vieh grundsätzlich nur für die Zwecke dieses Hauses benutzt wird. Geschieht es trotzdem, daß Tiere anderen Häusern zur Verfügung gestellt werden, und das ist relativ häufig, so entsteht zwischen den beiden beteiligten Häusern eine Verbindlichkeit, die sich auf Rückgabe einer gleichen Kopfzahl Rinder richtet[21].

Typisches Beispiel ist der Fall, in dem das ikhazi für einen Sohn des Großen Hauses nicht allein aus dessen Vermögen aufgebracht werden kann und der umnini'mzi daher das ikhazi ganz oder teilweise aus dem Rinderbestand des Hauses zur Rechten Hand nimmt. Dann hat das Haus zur Rechten Hand einen Anspruch gegen das Große Haus auf Leistung einer gleichen Zahl Rinder. Dieser Anspruch wird in der Regel aus dem ikhazi geleistet, das für die erste Tochter, die aus dem Großen Haus heiratet, gezahlt wird[22]. Aus der Natur der Sache ergibt sich, daß solche Verbindlichkeiten über längere Zeiträume bestehen, was aber insoweit nicht erheblich ist, als eine Verjährung dem Recht der Kap-Nguni unbekannt ist[23].

Ähnliche Verbindlichkeiten entstehen, wenn beispielsweise der umnini'mzi ikhazi vom Großen Haus nimmt, um eine Frau zur Rechten Hand zu heiraten. Auch hier sorgt die erste Tochter aus diesem neu begründeten Haus mit dem für sie zu erwartenden ikhazi für die Begleichung der Verbindlichkeit[24]. Der Brautpreis für amaqadi-Frauen wird regelmäßig von dem Senior-Haus geleistet, dem sie nachgeordnet sein werden. Auch hier erfolgt die Rückzahlung aus dem ikhazi der ersten verheirateten Tochter des iqadi-Hauses. Die Rückzahlung entfällt jedoch immer dann, wenn entweder keine Tochter in dem betreffenden Haus geboren wird, oder wenn die Töchter nicht heiraten. Das andere Vermögen des Hauses haftet für eine solche Schuld nicht[25].

Im übrigen steht es dem Kraloberhaupt jedoch frei, zur Begleichung von

19 *Soga* 1931, 60; *Seymour* 1960, 51 ff; Informanten B, G, K, N.
20 Informant K.
21 *Seymour* 1960, 93 ff; Informanten B, C, D, K.
22 *Cook* 1931, 18; *Seymour* 1960, 95; *Goodfellow* 1954, 176.
23 *Seymour* 1960, 218; Informanten B, C, D, K.
24 *Seymour* 1960, 93 ff.
25 *Seymour* 1960, 94.

Schulden Vieh des Hauses zu nehmen, das ihm am geeignetsten erscheint. Tut er das, entsteht die entsprechende Verbindlichkeit zwischen dem Haus, das das Vieh gab, und dem begünstigten Haus. Ähnlich verhält es sich mit Opfertieren. Regelmäßig wird das zu opfernde Rind aus der Herde des Hauses stammen, für dessen Mitglied geopfert werden soll. Oft schreibt der igqira aber das Opfer eines ganz bestimmten Tieres vor, das ihm oder der betroffenen Person von den Ahnen im Traum bezeichnet worden ist[26]. Dieses Tier muß dann eingetauscht werden. Hier macht es keinen Unterschied, ob es innerhalb des eigenen Krals oder außerhalb desselben zu finden ist; es entsteht wiederum ein Schuldverhältnis.

Eine besondere Stellung kommt den drei Rindern zu, die bei der Hochzeit der Vater der Braut dieser mit in die Ehe gibt. Sie sind nicht für den Ehemann oder dessen Familie bestimmt, sondern sollen die Braut »schmücken« (ukuhombisa).

Auf das impotulo-Tier besteht kein rechtlicher Anspruch. Es beweist nur das gute Herkommen der Braut und wird bald nach der Hochzeit im neuen Heim der Braut geschlachtet. Aus seiner Haut wird für die junge Frau ein Mantel gefertigt. Das Tier kommt regelmäßig aus der Herde des Hauses, dem die Braut entstammt; andernfalls entsteht ein Erstattungsanspruch aus dem für die Frau geleisteten ikhazi, entsprechend dem oben Gesagten. Der Ehemann der jungen Frau darf es durch ein anderes Tier ersetzen, aus welchen Gründen auch immer. Beim impotulo-Tier handelt es sich also nicht um ein besonderes, speziell ausgesuchtes Rind[27].

Ähnlich verhält es sich mit dem inqakwe-Tier. Es soll dem Unterhalt der jungen Frau und ihrer Kinder dienen, ist daher regelmäßig eine Kuh oder Färse. Es ist ebenfalls vertauschbar, da ihm keine religiöse Bedeutung zukommt. Verfügen, ohne es zu ersetzen, kann der umnini'mzi jedoch über dieses Tier und seine Nachkommen nur mit besonderer Zustimmung seiner Frau[28] bzw. deren Angehörigen.

Anders dagegen wird das inkomo yobulunga behandelt, das ubulunga-Tier, auch inkomo yesinyanya (Rind der Vorfahren) genannt. Es ist ein heiliges, nicht beliebig vertauschbares Tier. Jeder umnini'mzi besitzt eine Stammherde, die ubulunga-Tiere, die Nachkommen wiederum der Stammherde seines Vaters sind. Heiratet einer seiner Söhne, so wird er ihm zumindest ein weibliches Tier aus dieser Herde übereignen, das dann wiederum den Grundstock für den Besitz des Sohnes bildet. Stirbt das ubulunga-Tier ohne Nachkommen, so leistet der Vater unentgeltlich ein neues. Auch der Tochter wird bei ihrem Eheschluß ein ubulunga-Tier mitgegeben. Diese Rinder sind eng mit dem Ahnen-

26 Informanten L, N, W, AA.

27 *van Tromp* 1948, 51; Gulwa vs. Gulwa 2 NAC 1 (1910); *Hammond-Tooke* 1958, 49.

28 *van Tromp* 1948, 52; *Hammond-Tooke* 1958, 49.

kult verbunden, sie repräsentieren die Vorfahren. Mit ihnen sind Gesundheit, Glück und Wohlergehen verknüpft, bei der Herstellung von Medizinen kommt ihnen größte Bedeutung zu; aus ihren Schwanzhaaren beispielsweise werden besonders wirksame Amulette gegen Krankheiten aller Art geknüpft[29].

Über das ubulunga-Tier, das die verheiratete Frau mitbekommen hat in ihr neues Heim, und über seine Nachkommen hat der Ehemann traditionell keine Verfügungsmacht, diese bleibt vielmehr beim Oberhaupt ihrer eigenen Familie, also entweder ihrem Vater oder dessen Erben. Wenn heute die Gerichte den Ehemann für verfügungsbefugt auch über das ubulunga-Tier halten, so ist dies eine rezente Entwicklung[30]. Kraloberhäupter pflegten sich der gerichtlichen Pfändung ihrer Herden dadurch zu entziehen, daß sie behaupteten, es handele sich ausschließlich um die ubulunga-Tiere ihrer Ehefrauen, so daß weiße Händler, die die Zwangsvollstreckung gegen die Eingeborenen betrieben, keine Befriedigung ihrer Außenstände erlangten. Die Native Commissioners entschieden später zugunsten der Händler[31]. Früher jedenfalls respektierte selbst der Häuptling im Fall der Konfiszierung von Kralbesitz die ubulunga-Herden.

Kehrt eine Frau nach der Scheidung oder als Witwe zu ihrer eigenen Familie zurück, wird sie vom ubulunga-Tier und dessen Nachkommenschaft begleitet. Die Frau hat auch ein Recht gegen ihre Familie, mit einem solchen Tier versorgt zu werden, entweder durch ihren Vater oder seinen Erben oder durch ihre Brüder[32].

Bei den inqakwe- und ubulunga-Tieren handelt es sich also um Rinder, die einer Frau zugeordnet sind, und bei denen sich die Beschränkung der Befugnisse des umnini'mzi sehr deutlich zeigt.

Die beschriebene Verteilung des Viehs an einzelne Häuser oder Personen gewinnt besondere Bedeutung im Erbrecht[33], das durch die Grundsätze der Primogenitur, der Universalsukzession und der Erbfähigkeit nur des Mannes bestimmt wird. Primogenitur bedeutet, daß jeweils der Ältere den Jüngeren von der Erbfolge ausschließt. Universalsukzession bewirkt, daß der Erbe in die Stellung des Erblassers mit allen Rechten und Pflichten eintritt. Und das Prinzip von der ausschließlichen Erbfähigkeit des Mannes besagt, daß nur Männer als Erben in Betracht kommen. Bei den Süd-Nguni bewirkt das im einzelnen:

Mit dem Tode dem umnini'mzi tritt der älteste Sohn des Großen Hauses an dessen Stelle. Als rangältester seiner Geschwister übt er die gleichen Befugnisse aus wie sein Vater, das heißt, er ist Vormund aller anderen Kralangehörigen

29 Über ubulunga-Tier allgemein vgl. *Hunter* 1961, 234 ff; Informanten B, H, I, K; *van Tromp* 1948, 51—54; *Hammond-Tooke* 1958, 49; *Wilson* 1949, 16.
30 Informanten B, C, D sahen den Ehemann als Eigentümer an.
31 *Simons* 1968, 197, 198; *Hunter* 1961, 240; *Whitfield* 1948, 107.
32 *van Tromp* 1948, 52—54.
33 Vgl. dazu das Standardwerk von *Kerr* 1961; vgl. aber auch *Seymour* 1960, 176 ff; *Rehme* 1891, 48, 49; *Döhne* 1843, 20; *MacLean* 1906, 73—75; *Olivier* (a), passim.

einschließlich seiner Mutter und verfügt allein über alles zum Kral gehörige Vieh mit Ausnahme des den angeheirateten Frauen von ihren Familien zugewiesenen Rinderbestandes. Die bestehende Zuordnung der Tiere zu einzelnen Familien und Personen bleibt weiterhin aufrechterhalten[34]. Der häufig in der Literatur zu findende Hinweis, jedes Haus habe seinen eigenen Erben[35], ist uneingeschränkt nur für den Fall richtig, daß sich beim Tode des umnini'mzi der Kral nach der traditionellen Verbrennung der Hütten nicht wieder als Ganzes in der Nähe der alten Siedlung niederläßt, sondern einzelne Familien den Anlaß benutzen, eine eigene, neue Siedlung zu begründen. Sie besteht dann regelmäßig aus dem ältesten, bereits verheirateten Sohn einer Frau mit seinen Frauen und Kindern und seiner Mutter mit den noch nicht selbständigen Geschwistern. Dieser neue umnini'mzi übernimmt die volle Verfügungsmacht über die im alten Kral der Familie und den einzelnen Angehörigen zugeordneten Viehbestände. Die durch die frühere Zuordnung bestehende Anwartschaft verwandelt sich im Zeitpunkt der Trennung des Inhabers vom väterlichen Kral in sein »Erbe«. Wie noch gezeigt werden wird, sind es jedoch im wesentlichen Verfügungsrechte und Vormundschaften, die die neue Rechtsposition des ältesten Sohnes in einer Familie nach deren Verselbständigung ausmachen, weniger Eigentumsrechte. Wenn in der Folge vom Erben gesprochen wird, so ist in diesem Sinn der Rechtsnachfolger des umnini'mzi für ein Haus gemeint.

Für die Rechte des verstorbenen umnini'mzi an Vieh gelten im wesentlichen die folgenden Regeln: Ist der älteste Sohn eines Hauses vorverstorben, tritt sein nächstältester Bruder an seine Stelle, falls keine männlichen Nachkommen des Vorverstorbenen vorhanden sind, von denen der rangälteste sonst den Platz seines Vaters einnehmen würde. Dabei kommt es gelegentlich vor, daß der Berechtigte noch zu jung ist, um seinen Verpflichtungen nachzukommen; in solchen Fällen wird einer seiner Onkel mit der Wahrnehmung seiner Interessen betraut.

Hat der umnini'mzi keine männlichen Nachkommen, so erbt der Vater des Erblassers bzw. seine männlichen Nachkommen, also die Brüder des Erblassers und deren männliche Nachkommen, wobei, wie oben erläutert, die ältere Linie immer die jüngere ausschließt. Mangels solcher männlicher Erben tritt die Erbfolge über den Großvater des Verstorbenen und dessen Nachkommen nach den obigen Grundsätzen ein. Sind überhaupt keine männlichen Verwandten vorhanden, erbt der Häuptling, der Nachlaß fällt also an die öffentliche Hand. Es sei nochmals betont, daß die Erbfolge niemals über eine Frau geht, daß also auch die männlichen Nachkommen einer weiblichen Verwandten des Verstorbenen niemals erben.

34 *Seymour* 1960, 195 ff; *Hammond-Tooke* 1962, 49.
35 So z. B. *Kerr* 1961, 54, 68 ff.

Beim polygynen Kral ist die Erbfolge einfach, wenn nur zwei Häuser vorhanden sind und eines davon keinen Erben hat; dann erbt der Berechtigte des einen Hauses auch den Nachlaß, der dem anderen Haus zusteht. Ist in einem iqadi-Haus kein Erbe vorhanden, fällt der Nachlaß an den des Senior-Hauses. Besitzt das Senior-Haus keinen Erben, erbt der Erbe des rangältesten iqadi-Hauses. Hat eine ganze Sektion keinen Erben, erbt die andere Sektion. Bei den Xhosa, die auch ein Haus zur Linken Hand kennen, steht dieses dem Großen Haus näher als das Haus zur Rechten Hand. Eine Erbfolge im Falle, daß eine ganze Sektion keinen Erben hat, wird also zunächst zwischen diesen beiden Sektionen abgemacht, ehe das Haus zur Rechten Hand folgt. Hat diese Sektion jedoch keinen Erben, so erbt der Erbe des Großen Hauses vor dem des Hauses zur Linken Hand, das Große Haus hat also vor beiden anderen Sektionen Vorrang. Besonderheiten gelten für das ixhiba-Haus, sind hier aber nicht von Belang[36].

In diesem Zusammenhang sei nochmals auf die Bedeutung der izisu im Erbrecht hingewiesen. Nach bestimmten Regeln, auf die hier nicht näher einzugehen ist[37], können Kinder einer Frau, die der Herrin eines Hauses »das Gebären abnimmt«, auch Erben werden, da sie als Kinder dieses Hauses gelten. Eine ähnliche Rolle spielt der bereits erwähnte ukungena-Brauch[38], dessen Folge ist, daß auch nach dem Tode des Erblassers noch Kinder gezeugt werden können, die als Erben in Betracht kommen. Zu seinen Lebzeiten kann der Erblasser auch einen Sohn einem anderen Haus zuweisen, das ohne Erben ist, damit er dadurch einen Nachfolger in diesem Haus erhält. Der Junge gilt dann als Sohn dieses Hauses, verliert also seine Rechte in dem Hause, aus dem er stammt. Sollte jedoch im zunächst erbenlosen Haus wider Erwarten noch ein Sohn geboren werden, so verliert der eingesetzte Knabe dort seine Rechte und tritt in seine ursprüngliche Stellung in dem Hause, aus dem er stammt, wieder ein[39]. Unter besonderen Umständen ist es dem umnini'mzi sogar möglich, ein von ihm gezeugtes, uneheliches Kind als Erben in einer bislang erbenlosen Sektion einzusetzen, einem später geborenen ehelichen Sohn gebührt aber jedenfalls der Vorrang[39]. Ähnliches trifft auf einen adoptierten Sohn zu, der keineswegs ein Kind zu sein braucht, sondern auch ein Knabe oder junger Mann sein kann. Sogar ein unverheirateter Mann kann adoptieren, um für einen Erben zu sorgen. Da der umnini'mzi aber durch eine solche Adoption praktisch seine nächsten Verwandten von der Erbschaft ausschließt, wird er darauf achten, daß der Adoptierte möglichst nah mit ihm in männlicher Linie verwandt ist. Selbst nach dem Tode des Erblassers ist es zulässig, daß der nächste männliche

36 *Whitfield* 1948, 250; *Seymour* 1960, 89; *Soga* 1931, 50, 56, 57.
37 Siehe *van Tromp* 1948, 93 ff; *Seymour* 1960, 89.
38 *Whitfield* 1948, 136; *Seymour* 1960, 183, 186 ff; *Hammond-Tooke* 1955—56, 24.
39 *Seymour* 1960, 184.

Verwandte all diese Handlungen noch für den Verstorbenen vornimmt[40]. Unter bestimmten Bedingungen ist auch die Enterbung oder Verstoßung eines Erben möglich, auf die jedoch im Rahmen dieser Arbeit nicht weiter eingegangen zu werden braucht[41]. Die Stellung unehelicher Kinder der Frau ist bei den einzelnen Stämmen nicht gleich: bei Tembu und Xhosa ist ausschlaggebend, daß sie im Kral des Ehemanns der Frau geboren sind. Dann haben sie die gleiche Stellung wie vom Ehemann gezeugte Kinder, denn »das Vieh, nicht die Männer zeugen die Kinder«! Bei den übrigen Kap-Stämmen, die auch den ukungena-Brauch ausüben, treten die unehelich empfangenen Kinder der Frau als Erben hinter alle anderen Söhne zurück[42].

Eine Beschränkung der Haftung auf den Nachlaß ist im Recht der Kap-Stämme nicht möglich[43]. Gewisse persönliche Verbindlichkeiten, wie etwa Ansprüche aus Ehebruch oder Verführung, erlöschen mit dem Tode einer der beiden Parteien.

Einen weiteren Einfluß auf spätere Erbfolgen kann der umnini'mzi dadurch ausüben, daß er den beiden ältesten Söhnen aus einem Haus ihre jüngeren Brüder zuordnet. Das hat den Effekt, daß im Fall des Todes der jüngeren Brüder, wenn diese keine männlichen Nachkommen haben, der Bruder erbt, dem sie zugeordnet sind. Die Erbfolge nach den älteren Brüdern wird dadurch nicht berührt.[44]

Während alle diese Dispositionen des umnini'mzi, die er zu seinen Lebzeiten trifft, bereits als eine vorweggenommene und allmähliche testamentarische Regelung angesehen werden können, ist auch ein letzter Wille bei den Kap-Nguni nicht unbekannt und nicht unüblich[45].

> »By native custom a declaration by a native on his death bed as to his property is always considered a sacred thing. The heir ist bound to carry out the dying wishes, and it is not a mere matter of feeling«[46].

Eine besondere Stellung im Erbrecht haben die impotulo- und isipipa-Tiere und ihre Nachkommen, die das rechtliche Schicksal der Muttersache teilen. Die Bedeutung des ersteren Rindes ist oben bereits erläutert worden. Wie dieses ist auch das isipipa ein inkomo yeselwa (Rind der Milchkalebasse) oder inkomo yesondlo (Rind für den Unterhalt), das heißt, es soll das Haus, dem es zugeordnet ist, mit Milch versorgen. Es stammt regelmäßig aus dem ikhazi einer

40 *Seymour* 1960, 185—186.
41 *Fritsch* 1872, 108, 109; *Rehme* 1891, 41, 42; *Seymour* 1960, 198 ff.
42 *Seymour* 1960, 193, 194.
43 *Kerr* 1961, 15; *Seymour* 1960, 197.
44 *Kerr* 1961, 23.
45 *Kerr* 1961, 20 ff, 24; *Soga* 1931, 59, 60.
46 Comm. 1883 I No. 2480 S. 143; *Kerr* 1961, 24 mit weiterem Zitat.

Tochter oder Enkelin der Frau, deren Haus der umnini'mzi es zugewiesen hat[47]. Während aber das ubulunga-Tier beim Tode der Ehefrau an ihren ältesten Sohn fällt[48], wird dieser nicht Erbe der impotulo- und isipipa-Tiere. Diese fallen vielmehr an einen der anderen Söhne der Frau. Welchem Sohn diese Tiere zukommen, scheint entweder lokal verschieden zu sein oder bislang noch nicht völlig geklärt. Jedenfalls findet man sowohl die Meinung, der zweite Sohn werde Erbe dieser Tiere[49], als auch die Ansicht, dem jüngsten Sohn stünden sie zu[50]. Jedenfalls stellt diese Regelung eine Ausnahme von den allgemeinen erbrechtlichen Prinzipien der Kap-Nguni dar.

Neben dem Erbfall ist wichtigster Anlaß für einen Wechsel der Rechte an Vieh der Eheschluß, insbesondere die Leistung von ikhazi. Ohne die Zahlung von ikhazi kann eine traditionelle Ehe nicht geschlossen werden; sie ist essentiell bei allen Kapstämmen mit Ausnahme der Pondo, die wie die Zulu einen Eheschluß auch ohne Übereignung von Vieh anerkennen[51].

Die Zahlung des ikhazi für die erste Frau eines jungen Mannes übernimmt, unter Mitverwendung der diesem bereits zugeordneten Rinder, regelmäßig dessen Vater. Der Bräutigam hat darauf zwar keinen Rechtsanspruch[52], es besteht aber eine diesbezügliche allgemeine Übung[53], die sogar die rechtliche Vermutung begründet, daß der Vater auf Leistung des Brautpreises haftet, es sei denn, er habe sich öffentlich von der Verbindung distanziert und die Zahlung des ikhazi abgelehnt[54]. Die Familie der Braut kann also den Brautpreis vom Vater des Bräutigams einklagen, nicht aber der Bräutigam selbst. Der Sohn ist nach traditionellem Recht überhaupt nicht imstande, irgendwelche Begehren gegen den Vater gerichtlich geltend zu machen. Ohne Beistand kann er nicht vor Gericht auftreten, solange er nicht selbst umnini'mzi ist, müßte also seinen Vater für sich sprechen lassen, gegen den sich aber gerade seine Klage wendet. — Für die zweite, dritte und alle weiteren Frauen bringt der Mann das ikhazi jeweils selbst auf; er haftet daher in diesen Fällen auch nur selbst.

Einleitung für die bevorstehende Ehe ist die Verlöbnisabsprache zwischen den beiden Familien. Bei Pondo, Tembu und Xhosa wird weder bei dieser

47 *Kerr* 1961, 21 Anm. 7; Comm. 1883 II, App. B, 39; Mkwenkwana vs. Teyisi 3 NAC 35 (1912).

48 *Kerr* 1961, 22; *van Tromp* 1948, 119.

49 Comm. 1883 II, App. B, 39; Comm. 1883 II, App. D, 292; *Kerr* 1961, 22; *Soga* 1931, 57; *van Tromp* 1948, 119.

50 Dingezweni vs. Ndabambi 1 NAC 126 (1906); Myendeki vs. Sidekwana 2 NAC 6 (1910).

51 *Whitfield* 1948, 88; Informant Z; *Reuter* 1963, 242, 245; *Seymour* 1960, 74; *Simons* 1958, 331 ff.

52 *Simons* 1968, 93; Gungubele vs. Xolizwe 2 NAC 65 (1910).

53 *Seymour* 1960, 157, *Hammond-Tooke* 1962, 47; Rubushe vs. Jiyane 1952 NAC 69 (5).

54 *Seymour* 1960, 109; *Simons* 1968, 93.

Gelegenheit noch später eine Absprache über die Höhe des Brautpreises getroffen; sie bleibt unbestimmt. Andere Kap-Stämme widmen einen wesentlichen Teil der Verlobungsverhandlungen diesem Gegenstand. Bei gleicher Gelegenheit werden auch ein oder mehrere Stücke Vieh zur Besiegelung des Kontraktes und als »Anzahlung« für das zu leistende ikhazi übergeben. Das Eigentum an dem Vieh geht jedoch zu diesem Zeitpunkt noch nicht über. In Raten oder in nur einer weiteren »Zahlung« werden dann weitere Rinder an die Familie der Braut geleistet, bis eine von den Parteien festgelegte Teilsumme des ikhazi, der sog. »Kopf« der Braut erreicht ist. Die Hochzeit kann stattfinden. Es ist jedoch nicht ungewöhnlich, daß Verlobung und Hochzeit zusammenfallen, wenn nämlich bereits die erste Leistung an Vieh den »Kopf« der Braut ausmacht. Bei den Stämmen, die eine bestimmte Kopfzahl Vieh als ikhazi vereinbaren, ist es üblich, etwa die Hälfte der Gesamtsumme bis zur Hochzeit zu »zahlen«.

Eine Lösung der Verlobung ist möglich. Geschieht sie im gegenseitigen Einvernehmen oder aus Verschulden der Braut, ist das gesamte ikhazi zurückzugeben. Wurde die Braut allerdings vom Verlobten während der Verlobungszeit verführt oder ist sogar ein Kind geboren, darf der Vormund bzw. Vater der Braut ein oder zwei Rinder zurückbehalten, im ersten Fall als Buße, im zweiten als Gegenleistung dafür, daß das Kind der Vormundschaft seines Vaters unterworfen wird (isondlo). Die ikhazi-Anzahlung wird nicht zurückgegeben, wenn der Mann die Schuld an der Auflösung der Verlobung trägt. Eine Rückerstattung umfaßt auch den Nachwuchs der Herde. Diese Vermehrung der Herde wird aber nicht auf die vereinbarte Gesamtsumme angerechnet, wenn es zur Hochzeit kommt. Eingegangene Tiere sind nicht zu ersetzen, falls den Vater der Braut kein Verschulden trifft und er den Verlust sogleich unter Vorlegung eines Beweisstückes (Fell) gemeldet hat. Mit der Hochzeit geht das Eigentum an den Tieren über. Interessant ist, daß dazu die Tiere des ikhazi nicht unbedingt übergeben worden sein müssen. Es reicht auch hin, wenn die Parteien sich über den Eigentumsübergang einigen und der Übertragende die einzelnen Tiere genau beschreibt:

> »As a rule, the cattle are delivered to the bride's guardian (or custodian) but Native Law recognizes payment and delivery by ‚description', ‚nomination' or ‚word of mouth'.«[55]

Tragen andere Personen als der Vormund des Bräutigams zum ikhazi bei, so bleiben auch sie Eigentümer des Viehs bis zur Hochzeit. Das Eigentum geht nicht etwa zunächst an den Vormund des Bräutigams über. Entsprechend erhalten auch sie bei der Auflösung der Verlobung ihre Rinder zurück. Dabei

55 *Seymour* 1960, 74, 108.

besteht ein Anspruch darauf, die gleichen Tiere zurückzubekommen, die geleistet worden waren, soweit sie noch vorhanden sind.

In ähnlicher Weise können Verwandte des Brautvaters durch die Hingabe eines oder mehrerer Rinder zu Zeremonien beitragen, die zugunsten des Mädchens stattfinden. Das mag anläßlich der Pubertätsriten sein oder häufiger bei der Verlobung und Hochzeit. Wird dann der Brautpreis geleistet, so haben diese Verwandten das Recht, in Höhe ihrer Leistungen aus dem ikhazi entschädigt zu werden. Durch ihre Gabe sind sie Teilhaber am zu erwartenden Brautpreis geworden (ukufakwa). Dieser Verbindlichkeit liegt kein Vertrag zugrunde, sondern es handelt sich dabei um ein rechtliches Schuldverhältnis[56]. Im weiteren Sinne wird der Terminus »ukufakwa« für jedes Rechtsgeschäft und jede Rechtshandlung gebraucht, die einer Person ein Recht gibt, sich aus einem erwarteten ikhazi, und mag die Erwartung noch so unsicher sein, zu befriedigen.

Ist die Ehe geschlossen, so besteht nur bei denjenigen Stämmen eine Klagebefugnis auf den Rest des ikhazi, bei denen der exakte Umfang des Brautpreises in den Verlobungsverhandlungen bestimmt wird. Die Stämme, die eine genaue Zahl nicht festlegen, bedienen sich des ukuteleka-Brauchs. Das heißt, daß der Vater der Frau oder ihr früherer Vormund berechtigt ist, sie oder eines ihrer Kinder in seinen Kral zurückzunehmen, wenn seinem berechtigten Wunsch nach einer weiteren »Zahlung« nicht entsprochen wird. Berechtigt ist der Wunsch, wenn die bis dahin insgesamt geleistete Zahl der Rinder noch nicht das übliche Maß erreicht hat. Frau oder Kind kehren erst dann zum Kral des Mannes bzw. Vaters zurück, wenn die Leistung erbracht ist. Verweigert der Ehemann die Auslösung, bedeutet das einen Scheidungsgrund, falls die Forderung des Vaters der Ehefrau berechtigt und der Ehemann zur Zahlung in der Lage ist. Ukuteleka wird jedoch auch, trotz fixiertem Umfang des ikhazi, von den Fingo geübt, solange die vereinbarte Anzahl Rinder noch nicht ganz »gezahlt« worden ist.

Die Rückkehr zu ihrem Vater oder dessen Nachfolger steht der Frau auch offen, wenn sie von ihrem Mann schlecht behandelt wird. Hier muß der Ehemann sie ebenfalls mit einem Rind (uteleko) auslösen, das aber in keinem Zusammenhang mit dem ikhazi steht.

Die Auflösung einer Ehe wird regelmäßig von der Rückgabe wenigstens eines Teils des ikhazi begleitet[57]. Dabei hat die Familie des Mannes einen Anspruch darauf, genau die Rinder zu erhalten, die sie an die Familie der Frau geleistet hat[58]. Entsprechend hat die Familie der Frau das Recht, nur Tiere aus dem ikhazi zurückzuerstatten. Das ist von Bedeutung, wenn seit dem Ehe-

56 *Whitfield* 1948, 506; *Seymour* 1960, 220.
57 Vgl. *Warner* 1961, 165 (Nr. 1952 ff); *Warner* 1965, 13 (Nr. 126).
58 *Warner* 1961, 167 (Nr. 1973 ff).

schluß viele Jahre vergangen und diese Tiere möglicherweise schon recht alt sind, also unter durchschnittlichem Wert liegen.

Neben diesen genannten Fällen des Eigentumswechsels bei Vieh gibt es eine ganze Reihe Verträge, in denen eine Seite zur Leistung von Vieh verpflichtet ist. Es handelt sich um Dienst- und Werkverträge, die mit Zauberern, Wahrsagern, Handwerkern aller Art, Boten und Beauftragten geschlossen werden. Daneben gibt es aber auch einen Vertrag, der nicht unmittelbar auf Entgelt in Vieh geht, der aber üblicherweise ein Geschenk in Vieh nach sich zieht. Beim ukunqoma übergibt ein reicher umnini'mzi einem in der Regel weniger Begüterten eine Rinderherde in Obhut. Vertragsinhalt ist, daß die Tiere im Eigentum des Gebers bleiben, ihr Nachwuchs ebenfalls in das Eigentum des Gebers fällt, die Nutznießung aber dem Hirten zukommt, der für die Herde sorgen muß. Es besteht keine Obligation, die Dienste des Hirten zu vergüten, es ist aber üblich, daß er bei guter Fürsorge und Vermehrung der Herde einen Teil des Nachwuchses übereignet bekommt[59].

Auf ein Geschenk in Vieh hoffen auch diejenigen vermögenslosen jungen Männer, die sich zum Kral des Häuptlings begeben, um diesem eine Zeitlang persönlich zu dienen (ukubusa). Ein Vertrag wird nicht geschlossen. Der Junge findet sich ein und wird bei freier Station mit bestimmten Diensten betraut. Eine Verpflichtung zur Bezahlung besteht nicht, aber regelmäßig werden die jungen Leute mit einem Geschenk an Rindern, das oft der Grundstock des ikhazi für eine Frau ist, entlassen[60].

Dieser vom Häuptling erwarteten Generosität steht aber auch eine Tributpflicht der Stammesmitglieder gegenüber. Beispielsweise ist bei der Amtseinführung des Häuptlings eine Abgabe fällig (ukugola), mit der sein Anspruch auf dieses Amt anerkannt wird[61]. Eine ähnliche Abgabe trifft denjenigen, der vom Häuptling die Erlaubnis bekommen hat, sich in dessen Herrschaftsbereich niederzulassen. Nach Chief Poto[62] hat der Häuptling in Notzeiten oder bei besonderen Bedürfnissen generell das Recht, Tribut von allen Untertanen je nach Leistungsfähigkeit zu erheben.

Heiratet der Häuptling seine »Große Frau«, die »Mutter des Stammes«, dann trägt jeder umnini'mzi, soweit es ihm nur möglich ist, zum ikhazi bei[63]. Bei Gerichtsverhandlungen geht in Strafsachen die Buße an den Häuptling, in

59 *Seymour* 1960, 221 ff; *Soga* 1931, 61; *Kropf-Godfrey* 1915, 285 »nqoma«; *Hammond-Tooke* 1958, 45; nach *Hammond-Tooke* 1954, 37 besteht bei den Bhaca ein Rechtsanspruch auf Vergütung; *Alberti* 1968, 77, 78.

60 *Hunter* 1961, 388; *Soga* 1931, 109 ff; *Kropf-Godfrey* 1915, 50 »busa«; *MacLean* 1906, 76, 77.

61 *Soga* 1931, 101; *Kropf-Godfrey* 1915, 357 »qola«.

62 *Hunter* 1961, 385; *Kropf-Godfrey* 1915, 401 »tabataba«; vgl. auch *MacLean* 1906, 152.

63 *Soga* 1931, 48; *Hammond-Tooke* 1958, 48, 49; *Kropf* 1889, 135.

Zivilsachen erhält er einen Teil des zugesprochenen Schadensersatzes[64]. Kriegsbeute gehört grundsätzlich dem Häuptling, in der Regel — Kriege werden meist wegen Vieh geführt — erhalten aber auch die Untertanen ihren Anteil[65].

Ins Eigentum des Häuptlings fällt auch der Besitz derjenigen Stammesmitglieder, die »aufgefressen«, d. h. enteignet werden. Diese Strafe findet, oft begleitet von der Todesstrafe für den Schuldigen, Anwendung in Fällen von schwarzer Magie. Um den Übeltäter herauszufinden, bedient man sich eines besonderen Zauberers, der denjenigen, der die schwarze Magie zur Vernichtung seines Feindes benutzt hatte, aus einer Menge Versammelter »herauszuriechen« imstande ist. Das Zeugnis des Zauberers genügt, um den Beschuldigten zu überführen. Dieselbe Methode wird von Häuptlingen auch gern angewandt, um Konkurrenten auszuschalten, die wegen ihres Reichtums und ihres Einflusses seine Stellung gefährden[66].

Der großen Bedeutung des Rindes in der Kultur der Kap-Nguni entspricht, daß eine Beeinträchtigung der Herden, in welcher Art auch immer, zu den schwersten Verfehlungen gehört. Sachbeschädigung an Rindern kommt eigentlich nur in Form von Schadenszauber vor, der »ausriechen« und »auffressen« zur Folge hat. Viehdiebstahl ist weit verbreitet, wird jedoch mit Vorliebe durch die sogenannten »cattle raids« auf dem Gebiet feindlicher Stämme ausgeführt[67]. In späterer Zeit wenden sich diese Unternehmungen auch gegen die »Trek-Buren«, die ihr Vieh, nur mit Brandzeichen versehen, unbeaufsichtigt weiden lassen, und so zunächst bei den Grenzstämmen den Eindruck erwecken, es handele sich um verwilderte Tiere[68]. Bei Viehdiebstahl innerhalb des eigenen Stammes sind die Bußen hart. Sie betragen ein vielfaches der gestohlenen Anzahl von Rindern. Es wird sogar berichtet, daß dem Geschädigten zustand, den auf frischer Tat gestellten Viehdieb zu erschlagen. Der Zweck eines Viehdiebstahls innerhalb des eigenen Stammes kann regelmäßig nur die Beschaffung von Fleisch sein. Bei dem großen Interesse der Kap-Nguni für ihre Tiere kennt jeder Mann sein Eigentum und das seiner Nachbarn genau. Aus diesem Grund ist auch gutgläubiger Erwerb an gestohlenen Rindern unmöglich; bei Wiederentdeckung eines abhanden gekommenen Tieres ist der Besitzer in jedem Fall zur Herausgabe verpflichtet[69].

Eine strafrechtliche Ahndung erfährt Diebstahl von Vieh nicht, wenn sich der entdeckte Dieb mit dem Verletzten über den zu leistenden Schadensersatz einigt, da Diebstahl nicht zu den Offizialdelikten gehört.

64 *Hunter* 1961, 385, *Soga* 1931, 43.
65 *Döhne* 1843, 17; *Alberti* 1968, 91; *Hunter* 1961, 385.
66 *Hunter* 1961, 384; *Soga* 1931, 43, 45, 109, 33; *Holden* 1866, 289; *Rehme* 1901, 52.
67 *Patterson* 1790, 84—85.
68 *Bertaux* 1966, 162.
69 Informanten B, C, D, E.

Festen Regeln unterliegt die Verteilung des Fleisches eines geopferten Rindes. Der Bizeps des rechten Vorderbeins (intsonyama) wird rituell verzehrt von der Person, zu deren Gunsten das Opfer dargebracht wird, und ihren nächsten Verwandten (ukushwama). Erst wenn diese Mahlzeit abgeschlossen ist, darf das übrige Fleisch zubereitet und verteilt werden. Das Blut reicht man in Schüsseln den Ahnen dar, von denen man annimmt, daß sie daran lecken. Ihrem Schattendasein entsprechend ist auch der Teil, den sie aufnehmen, nicht sichtbar. Später dürfen die Hütejungen das geronnene Blut verzehren[70].

Zur Mahlzeit eingeladen werden Verwandte und Nachbarn. Aber auch zufällig anwesende Fremde erhalten ihren Anteil. Nach Geschlechtern getrennt empfangen die Anwesenden von der Sitte vorgeschriebene Teile des Tieres, die sie gemeinsam verzehren. Dabei sättigen sich zunächst die Alten, und den Jungen und Kindern fällt nur zu, was diese ihnen freiwillig geben oder übrig lassen[70].

»Goats are (and were) the poor man's cattle, supplying food and clothing, being a means of acquiring wives, and of establishing good relations with the ancestral spirits in exactly the same way as cattle, but always less efficasiously. The distinguishing terms applied to cattle are applied also to goats, and they are supposed to suffer from contact with umlaza. But no one ever makes praises of goats«[71].

Dieser Schilderung Hunters ist nichts hinzuzufügen; Hunter bezieht sich zwar nur auf die Pondo, die Lage ist aber bei allen Kap-Stämmen die gleiche und findet zudem nicht nur bei anderen Nguni-Stämmen, sondern auch bei den Stämmen der benachbarten Sotho-Tswana-Gruppe ihre Entsprechungen.

Die aufgeführten Einzelfakten ergeben zusammengefaßt etwa folgendes Bild: Das ursprünglich den Nguni bekannte Vieh, Ziegen und vor allem Rinder, besitzt eine mehrfache Funktion: es vermittelt die Befriedigung körperlicher Bedürfnisse, es hat eine wesentliche Funktion in der Religion inne, es dient als Bewertungsmaßstab aller materiellen Güter, damit aber auch der sozialen Stellung des Besitzers, und Vieh ist die Quelle ästhetischen Genusses und stolzer Freude. Die Rechte an diesem Vieh sind wie folgt charakterisiert: Dritten gegenüber ist allein verfügungsberechtigt und zu Vertragsschlüssen in der Lage der umnini'mzi. Alle Ansprüche gegen Kralmitglieder können nur vom Kraloberhaupt wirksam erfüllt werden. Innerhalb der Kralgemeinschaft ist der Viehbesitz in verschiedene Herden oder Gruppen aufgeteilt, die jeweils einem Haus oder einer einzelnen Person zugeordnet sind. Diese Zuordnung beinhaltet entsprechende Nutzungsrechte und Fürsorgepflichten und eine starke erbrechtliche Anwartschaft.

70 Information IV.
71 *Hunter* 1961, 71; vgl. auch *Mönnig* 1967, 170, 171, für die Pedi, einen zur Sotho-Tswana-Gruppe gehörenden Stamm.

Frauen als Einzelpersonen wird von ihren Ehemännern kein Vieh zugeordnet; allerdings besteht eine sehr enge rituelle und rechtliche Bindung zwischen verheirateten Frauen und bestimmten Tieren, die ihnen ihr Vater mit in die Ehe gegeben hat oder die sie aus dem ikhazi einer Tochter oder Enkelin empfangen haben.

Um den Inhalt des Eigentums in diesem Fall zu bestimmen, insbesondere eine Antwort zu der Frage zu finden, wer als Eigentümer des Viehs anzusehen ist, gehen wir am besten von der häufig vertretenen These aus, Eigentümer sei der umnini'mzi[72]. Zur Begründung wird meist, wenn auch nicht allein, angeführt, daß er alle Verfügungsgewalt in sich vereinige, also ein nur das Außenverhältnis betreffendes Argument. Diese isolierte Betrachtungsweise hat aber den Nachteil, daß sie wenig aussagekräftig ist. Verfügungsberechtigt über einen Gegenstand muß nicht unbedingt der Eigentümer, also der dinglich Berechtigte sein. Der umnini'mzi könnte Vertreter des Eigentümers sein, er könnte Treuhänder sein und damit nur rechtlicher, aber nicht wirtschaftlicher Eigentümer, vielleicht sogar nur Bote, und das äußerliche Erscheinungsbild würde in allen Fällen das gleiche sein. Das Außenverhältnis gibt also wenig Anhaltspunkte zur wirklichen Rechtslage, vielmehr wird nur die Betrachtung der kralinternen Rechtsverhältnisse die Klärung bringen können.

Wichtig ist zunächst, noch einmal festzustellen, daß nach dem Recht der Kap-Nguni nur der umnini'mzi als Volljähriger anzusehen ist. Haben also die einzelnen Kralangehörigen außer ihm kein Verfügungsrecht über die ihnen zugeordneten Tiere, spricht das nicht etwa gegen ihr Eigentum, denn Minderjährige sind mit wenigen Einschränkungen rechtlich nie in der Lage, über ihr Eigentum frei zu verfügen. Jedenfalls trifft das immer zu bei Gegenständen, die von wesentlichem Wert sind. Und daß bei den Kapstämmen Vieh von zentraler Bedeutung ist, wurde bereits dargelegt.

Die Verfügungsbefugnis kann also nicht als stichhaltiges Argument für das Eigentum des umnini'mzi angeführt werden, andererseits reicht allein die Zuordnung nicht aus, um ein Eigentum der Besitzer anzunehmen. Andere Kriterien müssen herangezogen werden. Indiz für eine relativ starke Stellung desjenigen, dem die Tiere zugeordnet sind, bietet die Tatsache, daß eine Verwendung einmal zugeordneter Tiere für andere Zwecke als die der so Begünstigten eine Verbindlichkeit auslöst, die der aus einem Darlehen resultierenden ähnlich ist. Im Unterschied zu einem Darlehen liegt jedoch kein Vertrag zwischen den Parteien zugrunde, sondern es handelt sich um gesetzliche Schuldverhältnisse, die sich aus einem Realakt des umnini'mzi ergeben, wenn man einmal von einem Tauschvertrag, der ebenfalls vorkommt, absieht. Aus dem Handeln des umnini'mzi ergibt sich, unabhängig von seinem Willen, eine bestimmte Rechtsfolge. Zwar hat er die Möglichkeit, die Rechts-

72 Umnini heißt sowohl »Eigentümer« als auch »Herr«!

folge dadurch auszuschließen, daß er die Zuordnung der Rinder ändert. Dafür muß aber ein besonderer rechtfertigender Grund vorliegen. Zudem ist dann eben die Voraussetzung für das Entstehen des Schuldverhältnisses nicht mehr gegeben.

Wichtig ist, daß zwar den Kralangehörigen, oder besser den Betroffenen, nach einhelliger Auffassung in der Literatur kein rechtliches Mitbestimmungsrecht zusteht, daß es ihnen aber zukommt, das Verhalten des Kraloberhauptes gerichtlich nachprüfen zu lassen[73]. Es scheint daher falsch zu sagen, den Kralangehörigen stehe kein Recht zu, auf die Verteilung des Rinderbesitzes zwischen den einzelnen Häusern und seine weitere Verwendung Einfluß zu nehmen. Was anderes als ein Recht sollten sie denn vor Gericht geltend machen? Es handelt sich also zumindest um ein Recht auf fehlerfreie Betätigung des Ermessens durch den umnini'mzi.

Diese Erkenntnis indiziert, daß der umnini'mzi keineswegs, wie so oft behauptet[74], als EIGENTÜMER des gesamten Viehbestandes eines Krals angesehen werden kann. Seine Rechte sind am stärksten am Kral-Eigentum. Er hat volles Verfügungsrecht darüber, und im Innenverhältnis sind seine Verfügungen nicht nachprüfbar. Er kann es zuordnen, wem er will, er kann es aber auch frei zu seiner Verfügung belassen. Sein Verhalten steht unter keiner Kontrolle. Wirtschaftliches Interesse an dieser Eigentumsgruppe hat nur noch der Erbe des Großen Hauses, dem beim Tode des umnini'mzi automatisch auch dieser Besitz als Erbe zuwächst. Seine Stellung ist jedoch auf diese Rechtserwartung beschränkt, sie unterscheidet sich in nichts von der Stellung eines zukünftigen Erben in anderen Rechtsordnungen. Sie kann das umfassende Recht des umnini'mzi an diesen Tieren nicht einschränken.

Anders verhält es sich mit dem Hauseigentum. Dieses ist dadurch gekennzeichnet, daß es wirtschaftlich ganz im Dienst der einzelnen Familie steht. Ein Grundstock stammt regelmäßig aus der Zuordnung des Kraloberhauptes, zu der er verpflichtet ist, da er für den Unterhalt dieser Familie zu sorgen hat. Bezeichnend ist, daß alle Einkünfte von Haus-Angehörigen auch in das Hauseigentum fallen, nicht etwa zunächst dem umnini'mzi zufallen und von diesem dann nach Gutdünken einzelnen Häusern oder Personen zugeordnet werden. Das spricht dafür, daß die stärkere rechtliche Beziehung zu diesen Rechtsobjekten die Mitglieder des Hauses haben, nicht der umnini'mzi. Auch die Tatsache, daß Schuldverhältnisse bei Verwendung von Hauseigentum für ein anderes Haus entstehen, bestätigt dies. Das Kraloberhaupt ist nicht befugt, Hauseigentum für seine eigenen Zwecke zu verwenden, sondern auch in diesem Fall ergibt sich ein Schuldverhältnis. Die rechtliche Stellung des Hauses im Verhältnis zu dem ihm zugeordneten Eigentum ist also stärker als die des

73 *Seymour* 1960, 50, 51.
74 *Seymour* 1960, 49 mit weiteren Quellenbelegen.

umnini'mzi. Er ist daher mit Sicherheit nicht als Eigentümer des Haus-Besitzes zu betrachten. Auch die Stellung des zukünftigen Erben des Hauses ist nicht so stark, daß er als Eigentümer in Betracht käme. Solange der umnini'mzi lebt, können so viele Änderungen im Bestand der Haus-Herde eintreten, daß die Anwartschaft des Erben sehr unbestimmt ist. Die Stellung der Frau des Hauses erscheint ebenfalls nicht stark genug, um sie als Eigentümerin anzusehen, obwohl sie die eigentliche Repräsentantin des Hauses ist. Da andere Personen nicht als Einzel-Eigentümer in Betracht kommen, kann es sich nur um Gemeinschaftseigentum handeln. Nach dem bisher Gesagten ist offensichtlich, daß die Familienangehörigen jedes einzelnen Hauses gemeinschaftliche Eigentümer des diesem Haus zugewiesenen Rinderbestandes sind. Außer ihnen hat kein anderes Kralmitglied ein eigenes wirtschaftliches Interesse an diesem Hauseigentum, auch keine Möglichkeit, besonderen Nutzen daraus zu ziehen, wohingegen die Söhne des Hauses ihr ikhazi aus diesem Besitz erwarten, die Mädchen ihre Mitgift, und alle, auch die Mutter, den Nutzen haben, daß ihre Verpflichtungen aus dieser Herde gedeckt werden, wenn man vom Milchgenuß einmal ganz absieht.

An dem persönlich zugeteilten Vieh hat das stärkste Recht der durch die Zuordnung Berechtigte. Es kann daher keinem Zweifel unterliegen, daß er, auch wenn ein anderer für ihn über diese Tiere verfügt, als Eigentümer zu gelten hat. Und selbst die Verfügungsmacht des umnini'mzi ist nur eine auflösend bedingte, denn mit Emanzipation des Sohnes und der Erstellung seines eigenen Krals tritt zum Eigentum das volle eigene Verfügungsrecht automatisch hinzu.

Vom Eigentum einer Frau an Vieh ist zumindest im modernen Bantu-Recht niemals die Rede. Mit gutem Grund wendet sich Simons[75] gegen die Annahme, auch das traditionelle Eingeborenenrecht habe einer Frau niemals gestattet, volles Eigentum an Rindern zu erwerben. Am ubulunga-Tier zeigt sich am deutlichsten, daß die verheiratete Frau ein sehr enges Verhältnis zu einem Rind haben kann, das Eigentum zu nennen, die in der Einführung dargelegte Definition dieses umfassenden Rechts durchaus erlaubt. Wenn nämlich einerseits der Ehemann bzw. sein Erbe keinerlei Verfügungsbefugnis und auch kein anderes Recht am ubulunga-Tier der Ehefrau hat, wenn andererseits aber auch die eigene Familie der Frau, deren Oberhaupt über dieses Tier zu verfügen befugt ist, dieses Tier ständig bei der Frau zu belassen hat, wenn der Frau sogar ein Rechtsanspruch auf ein solches Tier zugesprochen wird, so hat sie zweifelsfrei die stärkste Rechtsposition in Bezug auf dieses Tier inne. Sie ist auch Eigentümerin der isipipa- und inqakwe-Rinder, die ihren Zwecken dienen, die mit Hinblick auf sie geleistet werden und die anderen erbrechtlichen Regeln unterliegen als etwa Hauseigentum.

75 *Simons* 1968, 194 ff; vgl. aber auch *Goodfellow* 1954, 177 und *Hunter* 1961, 240.

Allerdings fällt auf, daß eine Frau niemals von ihrem Ehemann ein Tier zugeordnet bekommt, obwohl das nach dem bisher Gesagten durchaus möglich und rechtlich zulässig sein müßte. Die Gründe für ein solches Verhalten sind im magisch-religiösen Bereich zu finden. Frauen haben, häufiger als Männer, umlaza, rituelle Unreinheit, die insbesondere auch dem Vieh gefährlich wird. Dabei sind zwei Grade von umlaza zu unterscheiden, nämlich die ständige Unreinheit einer Frau gegenüber ihren Agnaten, und entsprechend gegenüber »angeheiratetem Vieh«, und die zeitweise Unreinheit, besonders während der Menstruation, nach der Geburt, nach dem Geschlechtsverkehr etc., die sogar den Tieren ihres väterlichen Krals gefährlich werden kann[76]. Jedenfalls ist es für eine Frau leichter, mit Tieren aus dem heimischen umzi umzugehen, deren Milch sie auch jederzeit trinken darf. Der Kontakt mit agnatem Vieh ist ihr auf das strengste verboten. Daher auch der besondere Brauch des »Milch-Trinkens« einer Braut, die nach ihrer Hochzeit durch diese Zeremonie erst in die neue Familie aufgenommen wird. Gelockert wird dieses ganze tabu-Verhältnis dann mit der Menopause der Frau, nach der sie auch mehr in die Rechte der Männer eintritt, und nicht selten haben alte Frauen gleiche Rechte wie alte Männer, werden sogar als solche angesehen und angeredet. Damit ändert sich auch das Verhältnis zum Vieh. Die junge Frau aber hat wie gegenüber ihren männlichen Agnaten strenge Meidungsvorschriften (ukuhlonipa) auch gegenüber deren Vieh zu beachten.

Die Frau ist durch die auf ihr ruhenden Tabus gehindert, ein gleich enges tatsächliches Verhältnis zum Vieh zu finden wie Männer. Diese Distanz aber auf das Rechtliche zu übertragen, erscheint unbegründet.

Vieh steht demnach bei den Kap-Stämmen sowohl in persönlichem Eigentum als auch im Familieneigentum. Das Familieneigentum ist aber sehr persönlich geprägt, kann mit dem Familieneigentum an Land der Yoruba etwa nicht verglichen werden. Es kann jederzeit in persönliches Eigentum überführt werden, hat also keinen bestimmten familientypischen Charakter. Die Ausübung der Eigentumsrechte ist in der Regel zentralisiert, liegt in den Händen des umnini'mzi. Das ist die Folge des patriarchalischen Systems, in welchem dem Kraloberhaupt nicht nur zivilrechtliche, sondern auch öffentlichrechtliche Verpflichtungen zukommen, die auszuüben er nur in der Lage ist, wenn er die Verwaltung des gesamten im Kral vorhandenen Vieh-Besitzes in seiner Hand vereinigt. Dennoch ist er nicht Eigentümer aller dieser Herden, sondern verwaltet sie nur nach seinem Gutdünken zum Besten seiner Familien und des ganzen Stammes.

76 vgl. *Hunter* 1961, 46, 66; *Hammond-Tooke* 1956—57, 73; *Alberti* 1968, 64.

II. Eigentum an Boden

»The livelihood of the Bantu is intimately bound up with their system of land tenure. They erect their dwellings on the land, cultivate it, graze their livestock upon it, and hunt over its surface. They use its water for domestic purposes and for their herds and flocks; they eat the wild fruits and other foods it produces, and make medicines from its vegetation; they convert its wood into huts, palisades and various utensils, and its reeds and grass into basket-work, thatch and string; and they extract from it metals, clay for their pots, and earth for the floors and walls of their huts. In the regulation of the land and its resources provision is made for each method of exploitation.«[1]

Nach seiner Nutzung läßt sich der Landbesitz der Kap-Nguni in drei Kategorien einteilen: einmal das hauptsächlich als Weide genutzte Brachland, dann das Garten- oder Ackerland und schließlich die Siedlungsgebiete.[2]

Keiner der Kapstämme leidet vor Ankunft der Weißen in Südafrika an Landmangel, so daß jedermann reichlich Boden zur Verfügung steht, daß er für all sein Vieh reichlich Weide findet, daß alle Frauen so viele Gärten und Äcker bebauen können, wie sie wollen und vermögen. Die Besiedlung ist relativ dünn[3], und es ist so viel Raum vorhanden, daß die einzelnen Stämme es sich leisten können, ihre Herrschaftsbereiche durch breite Streifen unbewohnten Niemandslands gegeneinander abzugrenzen[4].

Brachland im Stammesgebiet steht jedem Stammesangehörigen zur Nutzung offen. Dies bedeutet in erster Linie, daß jedermann seine Herden weiden darf, wo es ihm beliebt[5]. Ursprünglich scheint dieser Grundsatz nicht eingeschränkt zu sein, obwohl aus Gründen der Bequemlichkeit die Weiden im eigenen Distrikt oder Unterdistrikt und dort wiederum die in unmittelbarer Nähe der eigenen imizi gelegenen bevorzugt werden. Diese Gewohnheit wird mit der Zeit zu einem rechtsähnlichen Anspruch des Inhalts, daß es zwar zulässig ist, fremde Hirten mit ihren Herden aus den »eigenen« Weidegründen, die freilich nicht exakt abgegrenzt sind, zu verjagen, daß aber andererseits aus der Verletzung dieser Weideprivilegien kein Schadensersatzanspruch abgeleitet werden kann[6].

Neben den Weidegründen nahe bei den Hütten bestehen noch Vieh-Außen-

1 *Schapera-Goodwin* 1959, 156.
2 *Hammond-Tooke* 1954, 37; *Kerr* 1953, 23.
3 Nach dem von *Hunter* 1961, 116 zitierten Census Report 1921 kommen im Pondoland auf die Quadratmeile nur ca. 70 Bewohner.
4 Dies konnte noch von den ersten weißen Kolonisten beobachtet werden; mit zunehmender Besiedlungsdichte wurde jedoch auch aus diesen Landstrichen allmählich Nutzland; Informant F.
5 *Schapera-Goodwin* 1959, 156; *Soga* 1931, 383.
6 *Hunter* 1961, 115; *Schapera-Goodwin* 1959, 156.

posten, sogenannte cattle-posts (iithanga)[7], die in einiger Entfernung von den Siedlungsgebieten liegen und den Herden zusätzliche Nahrung bieten. Auch diese Weiden werden von bestimmten imizi in Anspruch genommen, obwohl ein gerichtlich durchsetzbarer Unterlassungsanspruch gegen Eindringlinge nicht besteht, nur Remonstration üblich ist[8].

Insbesondere die Häuptlinge achten darauf, daß ihre Weidegründe, mögen es nun die siedlungsnahen oder die Außenposten sein, von ihren Untertanen nicht mitbenutzt werden[9]. Sie verbieten auch, Siedlungen in diesen Gebieten anzulegen, eine Einschränkung des Gemeingebrauchs, der ihnen de lege nicht zusteht, gegen den es aber aufgrund der Stellung des Häuptlings de facto kein Rechtsmittel gibt. Im übrigen wäre ein Streit um ein solches Siedlungsrecht auch von geringem Interesse, da genügend Land für jedermann vorhanden ist.

Ein temporäres Sondernutzungsrecht entsteht durch das Abbrennen des Wintergrases auf manchen Weiden. Im Frühjahr behindert das lange, trokkene, alte Gras das Wachstum der jungen Triebe. Brennt man es ab, so wird der Boden durch die Asche gedüngt, und die jungen Blätter dringen leichter ans Licht, obwohl auch die Gefahr der Bodenerosion sehr steigt. Man bedient sich dieser einfachen Methode, um für das Vieh im Frühjahr möglichst zeitig Weide zu beschaffen. Wer das getan hat, dem steht wiederum ein ausschließliches Weiderecht an den abgebrannten Gebieten zu, wenngleich auch nicht in der Form eines positiven Anspruchs, so doch als Abwehrrecht. Er darf fremde Herden vertreiben und deren Hirtenjungen verprügeln, wenn er ihrer habhaft werden kann[10]. Diese Befugnis ist insofern verschieden von dem oben beschriebenen Weiderecht, als die abgebrannten Gebiete weder in der Nähe eines umzi noch bei einem cattle-post zu liegen brauchen und ihr Schutz durch das Recht zur körperlichen Züchtigung intensiver ist. Dieses temporäre Sondernutzungsrecht geht unter in dem Moment, wenn wieder überall genügend Weide für jedermann vorhanden ist, hat also nur Bestand für eine Saison, ein Frühjahr.

Auf die Bedeutung der Jagd bei den Kap-Nguni wurde bereits hingewiesen. Im Prinzip ist die Jagd für jedermann, soweit er dem Stamm angehört, auf alle Tiere und überall im Stammesgebiet frei. Einschränkungen bestehen nur insoweit, als Jagd Männersache ist, manche Tiere aus magisch-religiösen Gründen kein jagdbares Wild darstellen und bestimmte Teile bestimmter Tiere dem Häuptling gebühren: Felle und Klauen aller Raubtiere, Häute und Zähne von

7 Vgl. *Kropf-Godfrey* 1915, 404 »tanga«; *McLaren* 1963, 158 »thanga«; *Hunter* 1961, 116.

8 *Hunter* 1961, 115—116.

9 *Hunter* 1961, 116.

10 *Kerr* 1953, 14; Comm. 1883 II App. C, 78, A.1; *Hunter* 1961, 115; Informanten F und K.

Elefant, Flußpferd und Nashorn; als Belohnung für das Abgelieferte empfängt der Jäger vom Häuptling oft eine Ziege oder ein Rind. Es besteht auch kein Individualanspruch auf Tiere, die im Rahmen von Gemeinschaftsjagden, zu denen der Häuptling aufgerufen hat, erlegt werden; ihr Fleisch wird von der Armee am Platz des Häuptlings gemeinsam verzehrt, ihre Felle kommen dem Häuptling zu[11]. Bei privaten Gemeinschaftsjagden wird die Beute unter die Beteiligten verteilt. Das Fell des erlegten Tieres gehört dem Eigentümer des Hundes, der es gestellt hat; der Jagdteilnehmer, der das Tier erlegt, erhält eine Hinterkeule[12].

Der Jagd entspricht auf der Seite der Frauen das Sammeln wilder Gemüse, Beeren und Insekten zu Nahrungszwecken. Auch hier bestehen keinerlei örtliche Beschränkungen. Das gleiche gilt für das Sammeln von Heilkräutern, von Holz als Brenn- und Baumaterial und zum Schnitzen von Geräten, für das Graben von Erden zur Körperbemalung, für das Stechen von Lehm zur Töpferei und zum Hausbau, für das Schöpfen von Wasser und das Tränken von Vieh, für das Schneiden von Gras zum Flechten und Decken der Hütten. Metalle werden von den Kapstämmen kaum selbst gewonnen, sondern eingehandelt und verarbeitet[13]. Allen natürlichen Vorkommen können, an beliebiger Stelle, die Stammesmitglieder beliebige Mengen von Rohstoffen für ihren eigenen Bedarf entnehmen, ohne daß dafür ein Entgelt oder Tribut in irgendeiner Form an den Häuptling zu leisten wäre[14].

In Notzeiten allerdings steht es dem Häuptling zu, besondere ad-hoc-Regelungen zu treffen, um jedermann mit dem Lebensnotwendigen zu versehen. Es ist auch der Fall bekannt geworden, daß etwa die Mutter eines Häuptlings den Frauen des Stammes verbot, Holz in einem bestimmten Wald zu sammeln, dessen Vorräte sie für sich selbst zu reservieren wünschte, weil er in unmittelbarer Nähe ihrer Wohnstätte lag[15].

Berichte darüber, wer traditionell entscheidet, wo ein umzi erstellt wird, sind sehr spärlich. Keine Rückschlüsse läßt die heutige Rechtssituation zu, da das moderne Bodenrecht in den Reservaten wesentlich von europäischen Rechtsvorstellungen geformt ist. Es scheint aber so, als ob die Auswahl eines neuen Siedlungsplatzes traditionell grundsätzlich dem einzelnen selbst überlassen bleibt, sofern der Platz innerhalb des eigenen Unterdistriktes liegt und von niemandem sonst bereits besetzt worden ist[16]. Besiedelt der ganze Stamm ein neues Gebiet, so deutet der Häuptling wohl an, in welchen Gegenden

11 *Hunter* 1961, 95, 387; *Hammond-Tooke* 1962, 199.
12 So etwa *Kropf* 1889, 112; nicht ganz sachlich *Kidd* 1925, 319.
13 *Wilson* 1969, 114.
14 *Schapera-Goodwin* 1959, 156; *Hunter* 1961, 116.
15 *Hunter* 1961, 116.
16 *Cook* 1931, 156; *Schapera-Goodwin* 1959, 157; Comm. 1883 I, 121 No. 2047, 2048.

und Richtungen er den Bau der einzelnen imizi wünscht[17]. Den exakten Ort auszusuchen, bleibt jedoch dem einzelnen umnini'mzi überlassen. Entsprechend verhält es sich denn auch, wenn ein junger Mann seinen eigenen Kral zu errichten wünscht. Er sucht sich einen geeigneten Ort, meist in der Nähe seiner Verwandten, stimmt dessen Wahl mit seiner Familie[18], den Nachbarn und dem Distrikt-Häuptling ab und kann dann sicher sein, daß auch der Häuptling keine Einwände geltend machen wird. Unklar ist die rechtliche Situation im Falle von Meinungsverschiedenheiten. Aus der Stellung des Häuptlings ergibt sich nur, daß seine Entscheidung und sein Wille letzten Endes durchgesetzt werden.

Auch Fremden wird es bisweilen erlaubt, im Stammesgebiet zu siedeln. Üblicherweise suchen sie zunächst selbst ein ihnen geeignet scheinendes Stück Land für sich aus, einigen sich mit den Nachbarn und dem Distrikt-Häuptling und wenden sich dann an den Häuptling mit der Bitte um Siedlungserlaubnis gegen Entrichtung der üblichen Gebühr von einem Rind[19]. Es ist aber auch statthaft, sofort unmittelbar an den Häuptling heranzutreten mit der Bitte, dem Antragsteller Siedlungsland zuzuweisen.

Dem Häuptling steht zudem das Recht zu, unter bestimmten Umständen, aber auch nur im Ausnahmefall, seine Untertanen aus ihrem Siedlungsgebiet zu vertreiben[20]. Die Wegnahme des Landes kann einmal die Folge eines schweren politischen Vergehens des Betreffenden sein, also etwa Landesverrat, Aufruhr, mangelnde Loyalität[21]; die Vertreibung kann aber auch in allgemeinen Interessen der Gesellschaft begründet sein, ist dann aber mit der Zuweisung eines anderen Stückes Land verbunden.

Hat der umnini'mzi den Ort für seinen Kral gewählt, errichtet er Rinder-, Kälber- und Ziegenpferche und für jede seiner Frauen eine eigene Hütte, dazu Hütten für erwachsene Kinder, eine für Mädchen, eine für Jungen und eigene Hütten für bereits verheiratete Söhne, die noch in dem umzi ihres Vaters bleiben. Auf eine eigene Hütte für sich und ihre Familie hat jede Frau Anspruch. Das einmal besiedelte Land verbleibt den Besitzern auf diese Weise, selbst wenn sie sich nicht mehr dort aufhalten. Es ist niemandem gestattet, sich darauf neu niederzulassen. Geben die Besitzer ihr Land endgültig auf, fällt es in die gleiche Rechtsposition wie vor der Besiedlung zurück[22].

Wer im Kralgebiet wohnen will, darf das nur mit Zustimmung des um-

17 Comm. 1883 I, 235 No. 4220; dieses Weisungsrecht betont zu stark *Kerr* 1953, 13.
18 *Hunter* 1961, 23, 24.
19 *Hunter* 1961, 113.
20 Vgl. *MacLean* 1906, 152; *Brownlee* 1906, 123; Comm. 1883 II, 129.
21 *Kerr* 1953, 15 mit weiteren Nachweisen; *Schapera-Goodwin* 1959, 157; Comm. 1883 I, 496 No. 8686; Comm. 1883 II, App. C, 141 und 202; Comm. 1903 V, 203, 204; *Warner* 1906, 75; *MacDonald* 1890, 288.
22 *Brownlee* 1906, 123; *Schapera-Goodwin* 1959, 157; *Cook* 1931, 156.

nini'mzi tun. Es ist zwar nicht die Regel, aber auch nicht unüblich, daß Fremde in die Kralgemeinschaft aufgenommen werden. Ihnen steht dann eine eigene Hütte zur Verfügung. Noch heute machen Völkerkundler von dieser Möglichkeit Gebrauch, sich in den umzi aufnehmen zu lassen, bewohnen dort ihre eigene Hütte, die allerdings, den Vorschriften der Regierung der Republik von Südafrika entsprechend, etwas abseits liegen muß.

Eine Hütte, die einmal einer Frau bzw. einer Familie zugewiesen ist, kann der umnini'mzi nicht ohne triftigen Grund einer anderen Frau zuweisen. Frei steht ihm allerdings, unter den gegebenen Voraussetzungen einer Frau eine isisu beizugeben, die dann diese Hütte mitbewohnt.

Stirbt der umnini'mzi, so tritt der Erbe des Großen Hauses in dessen Rechtsposition, wie bereits geschildert, ein. Er übernimmt damit auch die Rechte, die sein Vater an dem Boden, auf dem der Kral steht, innehatte. Die vornehmlich beim Tode eines Häuptlings geübte Sitte, den gesamten Kral niederzubrennen, beeinträchtigt dieses Erbe kaum, da der neue Kral in unmittelbarer Nachbarschaft des alten errichtet wird.

Ihren Garten oder ihre Felder legt eine Frau meist in der Nähe ihres umzi an[23]. Ist Roden von Bäumen oder Büschen erforderlich, übernimmt ihr Mann das Abbrennen des in Aussicht genommenen Feldes (Brandrodungsbau) und das Abhacken von Ästen und Stümpfen; alle andere Arbeit ist Frauensache[24]. Auf die Auswahl der Lage des neuen Feldes nimmt niemand als die Beteiligten Einfluß[25]. Während die einen Quellen die Freiheit des Mannes betonen, seine Frauen Felder bestellen zu lassen, wo es ihm gutdünkt[26], stellen andere Schriftsteller die Entscheidung in das Belieben der Frau[27]. Bei den Pondo jedenfalls führt das Aufbrechen eines Feldes auf einem Hügelrücken oder in einem Flußtal dazu, daß der Frau, die als erste ihr Feld dort einrichtet, das ganze Gebiet bis zu den nächsten Erosionsschluchten (udonga) und Hohlwegen zur alleinigen Benutzung zusteht[28]. Ursprünglich wurden nur Sommerfrüchte angebaut, da Wintergetreide unbekannt waren. In jedem neuen Jahr wird das Feld um einiges erweitert, und die nach zwei oder drei Jahren erschöpften Böden werden eine Zeit lang brach liegengelassen (shifting cultivation)[29].

Einmal gerodete und bebaute Äcker schließen für die gesamte Umgebung die Nutzung durch Dritte nicht nur für die Zeit der tatsächlichen Nutzung aus, sondern auch dann, wenn sie einige Zeit, ja mehrere Jahre hindurch brach

23 *Schapera-Goodwin* 1959, 134.
24 *Hunter* 1961, 73 ff; *Schapera-Goodwin* 1959, 135.
25 *Hunter* 1961, 112.
26 *Cook* 1931, 156; *Schapera-Goodwin* 1959, 157.
27 *Hunter* 1961, 113.
28 *Hunter* 1961, 113.
29 *Schapera-Goodwin* 1959, 134—135; *Hunter* 1961, 72 ff.

liegengelassen werden[30], es sei denn, aus den Umständen würde sich zweifelsfrei ergeben, daß eine Rückkehr nicht beabsichtigt ist. Hat sich inzwischen eine andere Frau der Felder angenommen, wird ihr zwar noch gestattet, eine eventuelle Ernte einzubringen, sie muß aber den Besitz an den nicht von ihr eingerichteten Feldern an die ursprüngliche Besitzerin herausgeben. Dabei handelt es sich um einen gerichtlich durchsetzbaren Anspruch[31], über den durch einfachen Beschluß des Häuptlings als Richter entschieden und der notfalls mit Hilfe eines Gerichtsbotens vollstreckt wird.

Allerdings steht es jedermann frei, Verwandten oder Bekannten die Kultivierung der eigenen Felder zu gestatten, solange diese dem eigenen Stamm angehören. Fremden Land jeglicher Art zu überlassen, entgeltlich oder unentgeltlich, ist nicht gestattet[32]. Das vielmehr steht, wie oben bereits geschildert, nur dem Häuptling zu.

Nach der Ernte werden die Felder wie Brachland behandelt; es ist nämlich nach dem ukubuqisa-Brauch zulässig, daß jedermann seine Rinder auch in den abgeernteten Gärten und Feldern grasen läßt, die meist nicht eingezäunt sind[33]. Für frühere Zeiten wird dieser Brauch noch weitergehend geschildert: geriet Vieh selbst in ein noch nicht abgeerntetes Feld, so hatten weder die Besitzerin noch ihr Ehemann einen Schadensersatzanspruch gegen den umnini'mzi des Krals, dem Hütejungen und Rinder entstammten. Aber es bestand das oben bereits erwähnte Selbsthilferecht wieder: Vertreiben des Viehs und Verprügeln der Hirten. Ja, es war sogar üblich und zulässig, die Herden in die Gärten ihrer Besitzer zu treiben, also Talion zu üben[34]. Heutzutage bewirken Flurschäden die Entstehung eines Ersatzanspruches[35].

Gleichermaßen ist es zulässig, auch in fremden Gärten und auf fremden Feldern wilde Gemüse und Kräuter zu sammeln, ohne daß ein Abwehrrecht oder ein Schadensersatzanspruch entstehen oder eine Gebühr entrichtet werden muß.

Die Bearbeitung der Felder obliegt der Frau, ihre Kinder helfen ihr dabei. Da es sich aber bei der Bestellung mit dem hölzernen Grabstock um eine sehr anstrengende Tätigkeit handelt, tuen sich oft Frauen zu Arbeitsgruppen (work-

30 *MacLean* 1906, 152; *Hunter* 1961, 113; *Schapera-Goodwin* 1959, 157; *Cook* 1931, 156.

31 *Brownlee* 1906, 117; *Schapera-Goodwin* 1959, 206—207; *Warner* 1906, 70.

32 *Rehme* 1891, 45; *Passarge* 1908, 253—254; *MacLean* 1906, 152; *Goodwin-Schapera* 1959, 157; *Kerr* 1953, 29 ff; *Olivier* (b), 12; für die benachbarten Tswana vgl. *Schapera* 1955, 205.

33 *Kerr* 1953, 23—25; *Warner* 1906, 70; *Brownlee* 1906, 117; *Hunter* 1961, 115; *Cook* 1931, 156; vgl. auch *Kropf-Godfrey* 1915, 50 »buqisa«.

34 *Soga* 1931, 383; *Hunter* 1961, 113; *Schapera-Goodwin* 1959, 156; *Lestrade* 1934, 430.

35 *Brownlee* 1906, 117; *Cook* 1931, 156; Comm. 1883 I, 133 No. 2326; Comm. 1883 II App. C, 65.

parties, amalima) zusammen, um sich gegenseitig zu helfen[36] und am Abend Hirsebier zu trinken. Die Gegenseitigkeit, auf der diese amalima beruhen, und das vorbereitete Bier sind das einzige »Entgelt« für die geleistete Arbeit.

Die Ernte, die oft ebenfalls mit Hilfe von amalima eingebracht wird, gehört allein der Besitzerin des Feldes und ihrer Familie. Hirse bewahrt man in Vorratshöhlen unter dem Rinderkral für jedes Haus getrennt auf, Kalebassen, Kürbisse und Tabak in der Hütte selbst oder in besonderen Vorratshütten. Jede Familie lebt von den Erträgnissen ihres Feldes, jede Frau kocht für sich und ihre Familie getrennt; der umnini'mzi wird nach Absprache von den Frauen mitversorgt.

Nur aus schwerwiegendem Grund ist es dem umnini'mzi erlaubt, einer seiner Frauen den Besitz an ihrem Feld ohne ihre Zustimmung zu entziehen[37]. Dem Häuptling stehen die gleichen Rechte zu, wie sie bereits bei der Behandlung des Siedlungslandes beschrieben wurden: er darf die Nutzung eines bestimmten Feldes untersagen, wenn es im öffentlichen Interesse notwendig ist und im Rahmen von Strafverfahren wegen schwerer politischer Vergehen und schwarzer Magie.

Sowohl die Befugnisse an Siedlungsland als auch die am Ackerland werden, einigen Autoren zufolge, nach traditionellem Recht vererbt[38]. Das bedeutet aber nichts weiter als die Bestätigung der bereits erörterten Regel, daß beim Tode des umnini'mzi dessen Haupterbe in dessen Rechtsposition vollständig eintritt. Insoweit tritt eine Erbfolge vom Vater auf den Sohn ein. Stirbt indessen eine verheiratete Frau, so werden ihre Kinder nicht Erben des von ihr bearbeiteten Ackerlandes, sie haben aber eine Anwartschaft, bevorzugt mit diesen Feldern bedacht zu werden[39]. Die Entscheidung trifft der umnini'mzi.

Stellt man den Kap-Nguni selbst die Frage, wem Grund und Boden gehören, wird die Antwort in der Regel lauten: »Das Land gehört dem Häuptling!« Oder sie sagen »Es ist Khamas Land!«, nennen also den residierenden Häuptling beim Namen. Diese Auskünfte dürfen jedoch nicht dahingehend gewertet werden, daß damit ein dingliches Rechtsverhältnis charakterisiert werden sollte. Die Frage ist zu ungenau formuliert, als daß man eine juristisch präzise Antwort erwarten könnte. In Europa sprach oder spricht man auch vom Reich Karls des Kühnen oder von König Johanns Land, ohne damit sagen zu wollen, der ausschließliche Grundbesitzer sei der König gewesen. Diesen Fehler haben allerdings insbesondere von den frühen Reisenden eine ganze Anzahl gemacht. Mit der Frage, wie das besiedelte Land im isiXhosa be-

36 *Hunter* 1961, 73.

37 *Schapera-Goodwin* 1959, 157.

38 *Kropf* 1889, 166; *Warner* 1906, 75; *Kerr* 1953, 26; *Hunter* 1961, 113; Comm. 1883 I, 50 No. 822; Comm. 1883 I, 496 No. 8661; Comm. 1883 I, 523 No. 126.

39 *Schapera-Goodwin* 1959, 157.

zeichnet wird, setzt sich Kerr[40] auseinander. Er stellte fest, daß sowohl Xhosa als auch Pondomise und Thembu bei einem Vergleich von »inkomo zenkosi«, also dem »Vieh des Häuptlings«, dagegen aber von »ilizwe lakuthi«, von »unserem Lande« sprechen. Fragt man den Häuptling selbst, wem all dieses Land gehöre, wird er es oft »mein Land« nennen[41], in der Regel aber vorziehen, es das Land eines seiner Vorfahren, also etwa »Rarabes Land« zu nennen. So erweist er seinem Ahnen, der vielleicht als erster Häuptling dieses Land besiedelte, seine Reverenz, gleichzeitig benutzt er eine bescheidene Form um auszudrücken, daß er der Herrscher ist.

Damit besteht eine Parallele zu der Tatsache, daß sich etwa die Xhosa gerade amaXHOSA nennen, nämlich »die Xhosa-Leute«, die Leute des Ahnen Xhosa, daß sie sich als »das Vieh des Häuptlings« bezeichnen. Nicht Eigentum im juristischen Sinne wird hier angesprochen, sondern ein staatsrechtliches Verhältnis. Die Leute des Häuptlings Xhosa wohnen im Lande des Häuptlings Xhosa, der über sie herrscht, für sie sorgt. Sie sprechen mit dieser Ausdrucksweise die drei Essentialia des Staates an, nämlich Staatsvolk, Staatsgewalt und Staatsgebiet. Viele der Rechtsfunktionen des Häuptlings, die oft als Beweis für seine Stellung als Eigentümer des Bodens oder doch wenigstens als Treuhänder[42] angeführt werden, beruhen denn auch auf seinen staatsrechtlichen, also öffentlichen Funktionen und haben mit der privatrechtlichen, dinglichen Rechtslage nichts zu tun.

Nimmt der Häuptling besonders saftige oder für ihn günstig gelegene Weiden in Anspruch, verbietet die Mutter des Häuptlings das Holzsammeln in bestimmten Wäldern, um den dortigen Holzvorrat allein zur Verfügung des »Großen Platzes« zu halten, so handelt es sich dabei nicht um die Manifestation des Eigentums des Häuptlings an Grund und Boden, sondern um ein Vorrecht, das er kraft seines Amtes für sich in Anspruch nimmt. Ob dem Häuptling überhaupt ein solches Recht zusteht, mag ungeklärt bleiben. Jedenfalls ist er in der Position, diese Sonderregelung durchzusetzen. In einem wenig differenzierten Rechtssystem tritt besonders deutlich zutage, daß es sich bei solchen Sonderrechten nicht um systemimmanente Regelungen zu handeln braucht, sondern daß es genügt, daß sie dem Herrscher und seinen Ratgebern dienen, das Volk aber nicht spürbar in seinen Lebensinteressen verletzen. Im übrigen kann der Häuptling kein Unrecht begehen, ein Grundsatz, der eng mit der Funktion des Häuptlings als oberstem Richter, Gesetzgeber und höchster Instanz der Exekutive zusammenhängt[43]. Auch in moder-

40 *Kerr* 1953, 17.
41 *Hunter* 1961, 112.
42 *Soga* 1931, 383; *Schapera-Goodwin* 1959, 156; *Kerr* 1953, 12—17 mit weiteren Belegen.
43 *Kerr* 1953, 22—23.

nen demokratischen Staaten gibt es Beispiele für solche Vorrechte, etwa die Immunität der Parlamentsabgeordneten.

Aus seinem Amt leitet sich auch der Anspruch des Häuptlings auf Felle, Klauen und Zähne bestimmter Tiere ab. Diese Gegenstände sind Herrschaftssymbole, und niemandem als dem Herrscher stehen sie zu. Welcher Art der Anspruch ist, den der Häuptling gegen den Jäger hat, ob dinglich oder schuldrechtlich, dafür gibt es wenig Anhaltspunkte. Die Tatsache, daß der Häuptling den Jäger eines solchen Tieres oft mit dem Geschenk eines Ochsen oder einer Ziege belohnt, kann jedenfalls nicht als Indiz dafür gewertet werden, daß zunächst der Jäger Eigentümer von Fellen, Klauen und Zähnen der genannten Tiere wird; vielmehr liegt es näher, daß mit dem Erlegen des Tieres der grundsätzliche und ausschließliche Anspruch des Häuptlings sich in Eigentum verwandelt, so daß das Recht auf Herausgabe vindikatorische Natur hat.

Das Recht des Häuptlings, die Männer seines Stammes zu Gemeinschaftsjagden zusammenzurufen und die Beute dergestalt mit ihnen zu teilen, daß den Männern das Fleisch, dem Häuptling aber die Felle der erlegten Tiere zustehen, ist ebenfalls Ausfluß seiner staatsrechtlichen Stellung: die Stammesmitglieder sind verpflichtet, ihm bei allen Arbeiten zu helfen, ob es sich um Feldbestellung, Betreuung des Viehs oder eben die Jagd handelt. Das ist eine staatsbürgerliche Pflicht, wie die Pflicht, Steuern zu zahlen in einer Gesellschaft, die das Geld kennt.

Alle Sonderrechte des Häuptlings an Grund und Boden, die berichtet werden, haben daher einen öffentlichrechtlichen Charakter, stehen in Verbindung mit der Stellung des Häuptlings als Stammesführer, indizieren aber nicht etwa sein Eigentum am gesamten Stammesland[44]. Die allgemeine gleichmäßige Berechtigung aller Stammesangehörigen am Brachland könnte für ein gemeinschaftliches Eigentum des gesamten Stammes sprechen. Dem stünde nicht entgegen, daß der gleiche Rechtsträger über das Gebiet auch hoheitliche Rechte ausübt, deren Verwaltung dem Häuptling obliegt. Öffentliche und private Rechte können durchaus am gleichen Rechtsobjekt bestehen, ohne sich notwendig gegenseitig zu beeinträchtigen. Andererseits könnten die Befugnisse der einzelnen Stammesmitglieder, das Brachland zu nutzen, auch dem Gemeingebrauch entstammen und damit öffentlichrechtlicher Natur sein.

Zunächst ist jedoch zu prüfen, ob nicht etwa an den unbebauten Gebieten privates Individualeigentum besteht. Anlaß zu solchen Überlegungen könnten die Weiderechte geben. Aber diese Rechte, einschließlich derer an abgebrannten Flächen, zeichnen sich dadurch aus, daß ihre Verletzung keinen Schadensersatzanspruch nach sich zieht und schon gar keine gerichtliche Strafe. Zwar besteht ein Abwehranspruch, aber dieser ist nicht gerichtlich durchsetzbar,

44 *Whitfield* 1948, 428; *Warner* 1906, 70; *Hunter* 1961, 116; *Kerr* 1953, 24; *Schapera* 1959, 207.

sondern beinhaltet nur die Befugnis zur Selbsthilfe. Der einzelne hat hier also eine sehr schwache Rechtsposition.

Das trifft auch auf die abgebrannten Weideplätze zu. Bei ihnen wird ganz deutlich, daß das spezielle Nutzungsrecht durch seine zeitliche Beschränkung den Berechtigungen der Allgemeinheit als das geringerwertige gegenübersteht. Nutzungsberechtigender Faktor ist die investierte Arbeit, wohingegen bei den örtlich günstig gelegenen Weideplätzen die intensivere Besitzausübung oder einfach der Besitz selbst den Ausgangspunkt für einen Ausbau der Rechtsposition darstellen.

Die schwache Ausgestaltung des Jagdrechtes und das Fehlen von Wasserrechten, Bergrechten und anderen speziellen Rechten zur Regelung der Nutzung von Naturschätzen ist aus dem reichlichen Vorhandensein dieser Naturprodukte und aus der recht geringen Rolle des Handels in alten Zeiten zu erklären. Das bestätigt auch die Auskunft eines Häuptlings auf die Frage nach diesen allgemeinen Nutzungsrechten. Er betonte[45] die Einschränkung der Nutzungsrechte insofern, als jedermann nur für seinen eigenen Gebrauch jagen, sammeln, schöpfen oder graben dürfe. Ginge heute jemand daran, Lehm für eine Keramik-Fabrik abzubauen, würde er einschreiten und, sollte auch bei kommerzieller Ausbeutung genügend Lehm für jedermann verbleiben, eine besondere Gebühr fordern, andernfalls aber den Abbau zu diesem Zweck untersagen. Die veränderten ökonomischen Verhältnisse haben hier die Regelung einer Frage notwendig gemacht, die in der traditionellen Wirtschaftsform der Kap-Stämme gar nicht auftauchte.

Zweifelsfrei rechtfertigen diese geringen Individualrechte nicht, ihre Inhaber als Privateigentümer der von ihnen genutzten Teile des Brachlandes zu sehen. Es ist überhaupt die Frage, ob diese Rechte als private anzusehen sind oder nicht besser als Ausfluß des Gemeingebrauchs, der allen Stammesangehörigen an allen öffentlichen Sachen und damit in erster Linie am Stammesland zusteht. Dafür spricht das Bewußtsein der Kap-Nguni, die das Stammesland weniger als einen Gegenstand privater Rechte denn als Lebensraum, etwa wie die Luft, als ein im Überangebot zur Verfügung stehendes, freies Gut ansehen. Jedermann nimmt davon, soviel er benötigt und solange er seine Stammesgenossen damit nicht über Gebühr beeinträchtigt. Die Berechtigung dazu ist offensichtlich nicht auf ein privates, sondern auf das öffentliche Rechtsverhältnis des einzelnen zur Staatsgewalt zurückzuführen. Deshalb wäre es auch nicht richtig, den Stamm als privaten Eigentümer des von ihm besiedelten Gebietes anzusehen. Das umfassende Herrschaftsrecht, das er durch den Häuptling ausübt, ist ein hoheitliches. Privatrechtliche Kategorien sind für den Süd-Nguni in diesem Zusammenhang ohne Bedeutung.

Ein Ausfluß des allgemeinen Nutzungsrechts von Stammesgebiet dürfte auch

45 Informanten B, C, D.

die Berechtigung sein, daß jeder umnini'mzi seinen Kral an einem ihm genehmen Ort zu errichten frei ist. Die dem Häuptling zustehenden Rechte sind hier ebenfalls als hoheitliche anzusehen. Interessen des Gemeinwohls gebieten es auch heute, einen Plan aufzustellen, der in modernen Städten das Bebauen von Grundstücken in Einzelheiten regelt. Bei den Kap-Stämmen liegt es im öffentlichen Interesse, daß der Häuptling im Falle eines feindlichen Überfalls seine Leute schnell zusammenrufen kann, Treibjagden schnell zu organisieren imstande ist, eine wirksame Kontrolle über seine Untertanen ausüben kann. In diesem Rahmen ist wohl auch zu sehen, daß der Häuptling die Befugnis hat, in groben Zügen auf die Siedlungsweise seiner Untertanen Einfluß zu nehmen.

Zum anderen scheint aber ein Teil der Literatur insoweit mißverständlich von einer Einflußnahme des Häuptlings zu sprechen, als auch der umnini'mzi hin und wieder als »chief« bezeichnet wird[46]. Und daß der umnini'mzi die letzte Entscheidung hat, wo ein Kral gebaut werden soll, ergibt sich bereits aus dem patriarchalischen System der Kap-Nguni. Wie bereits in der Einleitung dargelegt, hat der umnini'mzi in früherer Zeit die Stellung eines »petty chief«, da der Kral Angehörige drei oder vier verschiedener Generationen beherbergt, etwa Mutter des Kraloberhauptes, Kraloberhaupt, seine verheirateten Söhne und deren Kinder. Da der umnini'mzi Vormund aller dieser Angehörigen ist, obliegt ihm auch die Auswahl des Siedlungsplatzes, wenngleich er sich in der Regel mit seinen Angehörigen berät. Und will einer seiner Söhne einen eigenen Kral gründen, folgt er zumeist der Empfehlung seines Vaters nur beim Vorliegen wichtiger Gründe nicht. Hier ist das Mitspracherecht des Vaters sicherlich keine eigentliche Rechtsposition, sondern ein Brauch, der sich aus dem patriarchalischen System ergibt.

Schließlich werden die Mitspracherechte sowohl des Häuptlings als auch des Kraloberhauptes bei der Neubegründung von Siedlungen um so wichtiger, je mehr die Bevölkerung wächst und weiße Siedler die Kap-Nguni daran hindern, ihr Stammesgebiet auszuweiten. Strategische Gesichtspunkte mögen ebenso eine Rolle spielen wie allgemein politische. Jedenfalls liegen diese Befugnisse alle auf dem Gebiet des öffentlichen Rechts und stellen keine dingliche Beschränkung der Stammesangehörigen in ihrem Gemeinschaftsrecht an Grund und Boden dar.

Die Gebühr von einem Rind, die der Fremde an den Häuptling entrichtet, ehe er die endgültige Erlaubnis zur Niederlassung im Stammesgebiet erhält, könnte als Kaufpreis für das Siedlungsland angesehen werden. Auch wenn man den Häuptling nicht als Eigentümer des Stammesgebietes ansieht, könnte er doch kraft Amtes auf diese Weise gegen Entgelt dem neuen Siedler diejenigen Rechte verleihen, die Stammesangehörige innehaben, also unter Um-

46 Comm. 1836 I, 5 No. 68.

ständen auch dingliche. Eine dingliche Betrachtungsweise erscheint jedoch verfehlt. Die Annahme eines Kaufvertrages würde dem Denken der Kap-Stämme nicht entsprechen. Vielmehr enthält die Übergabe des Rindes eine Huldigung, die Anerkennung einer Tributpflicht; sie ist erstes Zeichen der Loyalität. Auf Seiten des Häuptlings findet die Erteilung einer staatsrechtlichen Qualität statt: der Häuptling bürgert den Neuankömmling ein, verleiht ihm die Stammesangehörigkeit (Staatsangehörigkeit). Damit erwirbt der neue Siedler originär die gleichen Rechte wie jeder andere Stammesangehörige auch, unter anderem das Recht zu siedeln.

Öffentlichrechtlicher Natur ist auch die Befugnis des Häuptlings, Untertanen zu vertreiben oder sie aus Gesichtspunkten des Gemeinwohls ihres Okkupationsrechtes zu entheben. Ersteres kann mit der Einziehung im Strafverfahren verglichen werden, das andere ähnelt unserem Enteignungsverfahren. Eine oft die Einziehung begleitende Vertreibung vom Stammesland hat die Qualität einer Ausbürgerung, also des Entzuges der Stammesangehörigkeit. Die Wegnahme des Landbesitzes ist logischerweise wesentliche Folge, da Okkupationsrecht und Loyalität eng miteinander verbunden sind. Die strafbare Handlung, die zur Vertreibung führt, bedeutet die Aufkündigung der Loyalität gegenüber dem Häuptling, der dann seinerseits daraus Konsequenzen zieht. Bei der »Enteignung« findet sich sogar die Entschädigungsleistung, die allerdings auf relativ späte Entstehung dieses Rechtsinstituts hinweist. Denn war Land in Hülle und Fülle vorhanden, bedurfte es keiner neuen Einweisung in einen anderen Besitz. Erst Landknappheit kann die Ursache für diesen Brauch gewesen sein. Die eigentliche Enteignung ist ein Rechtsinstitut, das ein Unterangebot des enteigneten Gutes voraussetzt. Für die frühen Verhältnisse unter den Kap-Stämmen ist jedenfalls kaum vorstellbar, aus welchen Gründen eine solche »Enteignung« hätte gerechtfertigt sein können. Der Wunsch des Häuptlings, sich selbst an einem bestimmten Ort niederzulassen, kann natürlich im allgemeinen Interesse liegen, etwa wenn dieser Platz von besonderer strategischer Bedeutung ist oder Vorteile bei der Verwaltung des Stammes bietet. Ist dies aber nicht der Fall, so handelt es sich keinesfalls um eine Enteignung im strengen Sinne. Der Häuptling hat dann nicht das Recht, die Besitzer zu vertreiben, da ihm an Grund und Boden, wie gezeigt, keine anderen, vor allem keine umfassenderen Rechte zustehen als jedem seiner Untertanen auch. Da aber »der Häuptling kein Unrecht tun kann«, bleibt nur die Gegenvorstellung, Remonstration, ein äußerst schwaches Rechtsmittel.

Dingliche Rechte des Häuptlings am Siedlungsland seiner Untertanen bestehen also nicht. Auch die Nutzungsrechte der Allgemeinheit sind beschnitten. Zur Niederlassung im Kralgebiet bedurfte es der Erlaubnis des umnini'mzi oder seines Vertreters. Das Recht, einen unerwünschten Besucher notfalls mit Gewalt zu vertreiben, indiziert an sich keine stärkere Rechtsposition als die oben besprochene an Weidegebieten. Aus der Literatur sind keine Fälle bekannt, in denen, nach altem Recht, gerichtliche Hilfe zur Vertreibung von Fremden gefordert oder gewährt wurde. Das mag besonders daran liegen, daß eine Person, die sich unbefugt und trotz des ausdrücklichen Widerspruchs der Kralangehörigen in deren Siedlungsgebiet aufgehalten hätte, sofort der schwarzen Magie beschuldigt worden wäre. Und sich von diesem Vorwurf zu befreien gelang nur in den seltensten Fällen. »Hausfriedensbruch« dürfte praktisch nicht vorgekommen sein, es sei denn in Verbindung mit Gewalttaten. Dennoch versicherten Gewährsleute, daß der umnini'mzi jederzeit gerichtliche Hilfe gegen einen Eindringling in Anspruch nehmen kann, daß notfalls ein Bote (imisila) des Häuptlings geschickt werde, um die Ordnung wieder herzustellen.

Sieht man diese Rechtslage in Zusammenhang damit, daß ein einmal okkupiertes Gelände jederzeit wieder von seinen Erstbesitzern in Anspruch genommen werden kann, es sei denn, sie hätten in eindeutiger Weise zu erkennen gegeben, daß sie diese Stelle endgültig aufgeben, so spricht das im Vergleich zur Stellung der Allgemeinheit für eine stärkere Position der Okkupanten[47]. Von ihnen hat im Außenverhältnis sicherlich der umnini'mzi die stärkste rechtliche Position. Er bestimmt den Standort des umzi, er wählt den Baugrund für die Hütten aus, er entscheidet, wen er in seinen umzi aufnimmt.

Auch im Innenverhältnis bestimmt er den Gebrauch des Siedlungslandes, gibt die Anweisungen, wo die Hütte einer neuen Frau zu errichten ist, etc. Er ist das statische Element: seine Töchter werden eines Tages den Kral verlassen, wenn sie heiraten, seine Söhne, wenn sie ihre eigenen imizi gründen. Gegen den Willen ihres Vaters können auch sie nicht wieder in den väterlichen Kral zurückkehren.

Während die Frauen des umnini'mzi im Falle einer Scheidung oder des Todes ihres Ehegatten dessen umzi verlassen können — in letzterem Fall tun sie das regelmäßig nur dann nicht, wenn ihr Sohn Haupterbe des umnini'mzi wird[48] —, ist das Kraloberhaupt auch magisch-religiös an sein Siedlungsland gebunden. Seine Vorväter sind am oder im Viehkral begraben, er überwacht das gesamte Leben der Heimstätte. Der älteste Sohn seiner Hauptfrau wird an diesem Ort seine Nachfolge antreten. Sein rechtliches Verhältnis zu diesem Platz ist enger als das jeder anderen Person. Es stellt sich aber wieder die Frage, ob diese Rechte des umnini'mzi privater oder öffentlicher Natur sind.

Die Unverkäuflichkeit des Landes würde nicht gegen die Möglichkeit persönlichen Grund-Eigentums sprechen. Nach der für diese Arbeit geltenden Definition des Begriffes Eigentum soll es das umfassendste dingliche Recht sein, das an einer Sache in einer Rechtsordnung denkbar ist. Dazu gehört aber nicht notwendig die Verkäuflichkeit bzw. die Möglichkeit, die Sache gegen eine andere zu tauschen; diese Qualität weist Land bei den Kap-Nguni grundsätzlich nicht auf.

47 Zum gleichen Ergebnis kommt *Kerr* 1953, 26.
48 *Hunter* 1961, 24—25.

Dennoch scheint es auch beim Siedlungsland nicht vertretbar, von Privateigentum zu sprechen. Zum einen sind die Herrschaftsrechte, die zweifelsohne gegeben sind, nicht gerade umfassend zu nennen. Zum anderen ist für das ständige Okkupationsrecht typisch, daß es immer dann suspendiert ist, wenn der ursprüngliche Okkupant seinen Besitz nicht ausübt, daß es also stark mit dem Besitz verknüpft ist. Nur die unmittelbare Sachherrschaft schließt den grundsätzlich weiterbestehenden Gemeingebrauch aller Stammesmitglieder aus. Es erscheint daher richtig, das Rechtsbündel der Okkupanten am Wohngebiet als eine Art des gesteigerten Gemeingebrauchs zu sehen, als eine Art besonderen Nutzungsrechts, das eher dem öffentlichen als dem privaten Recht entstammt.

Ähnlich ist die Rechtslage bei Ackerland. Die Befugnisse des Häuptlings sind typisch staats- und verwaltungsrechtliche und gehören damit dem öffentlichen Recht an. Der ukubuqisa-Brauch indiziert, ebenso wie das Fehlen eines Schadensersatzanspruches bei Schädigung der Ernte und das Sammelrecht auf fremden Feldern, eine bedeutende Rechtsposition der Allgemeinheit.

Im ukubuqisa-Brauch wird noch einmal unter rechtlichem Aspekt das Rangverhältnis deutlich, in dem Rinderzucht und Ackerbau bei den Kap-Nguni zueinander stehen: das Rind, die Domäne des Mannes, übt einen beherrschenden Einfluß nicht nur im sozialen Bereich, sondern auch im Recht aus. Bedeutsam beim ukubuqisa ist nicht allein, daß es die Rinder sind, die, ohne einen Schadensersatzanspruch auszulösen, in Felder und Gärten Dritter eindringen können, sondern daß es die Rinder sämtlicher anderer Stammesgenossen sind. Zwar dürfte sich der angerichtete Schaden in engen Grenzen gehalten haben, da die ursprünglichen Herden der Kap-Stämme klein waren und erst im letzten Jahrhundert bedeutend anwuchsen[49]. Zudem begründet eine erkennbar fahrlässige Schädigung von Hütten, Feldfrüchten und ähnlichem Eigentum nach Auffassung der Süd-Nguni ohnehin keinen Ersatzanspruch[50]; und in der Regel wird es ein Versehen der Hütejungen sein, wenn ihre Herde in ein noch nicht abgeerntetes Feld eindringt. Aber dennoch beweist der ukubuqisa-Brauch, daß der Gemeingebrauch selbst an bebautem Boden keineswegs entfällt.

Ähnlich verhält es sich mit dem Recht, wilde Pflanzen auch auf bestellten Feldern zu sammeln. Diese Befugnis zeigt, daß nicht der Besitz des Bodens der wesentliche Ausgangspunkt für die Entwicklung eines intensiven Rechts ist, sondern die investierte Arbeit. Es ist selbstverständlich, daß gezogene Früchte in das Privateigentum dessen fallen, der die Arbeit zu ihrer Produktion geleistet hat. Damit ist aber über die rechtliche Zuordnung des Bodens noch nichts gesagt. Soweit die Arbeit auch eine Wertsteigerung des Bodens hervorgebracht hat, nämlich durch Rodung, Lockerung des Erdreichs, Bestellung etc., sind Dritte von der Nutzung grundsätzlich ausgeschlossen. Längere Abwesenheit

49 *Wilson* 1949, 15.

50 *Warner* 1906, 70; *Warner* 1961, 191—192 und insbesondere der dort abgedruckte Fall Daza vs. Ngetshola 2 NAC 101 (1910).

des früheren Kultivators berechtigt aber wiederum jedermann, weitere Arbeit zu investieren; die Produkte gehören in jedem Fall demjenigen, aus dessen Arbeit sie resultieren, unabhängig davon, wer der zum Besitz des Bodens Berechtigte ist. Daraus ergibt sich, daß das Okkupationsrecht auch des bebauten Bodens, dem des Siedlungslandes entsprechend, eine Art des gesteigerten Gemeingebrauchs ist. Das Nutzungsrecht ist öffentlicher Natur. Daneben, und das ist scharf zu unterscheiden, begründet investierte Arbeit einen privatrechtlichen Titel auf alle durch sie geschaffenen Produkte oder bewirkten Resultate.

Im Grunde zum gleichen Ergebnis kommen Bertaux und Sellnow, die allerdings die hier abgehandelten Fragen nicht im einzelnen erörtern[51]. Schapera-Goodwin und Kerr[52] gehen dagegen davon aus, daß es sich beim Brachland um »common property« handelt, während Kerr[53] sogar für Siedlungs- und Ackerland Individualeigentum des umnini'mzi annimmt. Diese Autoren hängen zu sehr am heutigen — europäischen — Konzept des Bodeneigentums. Sie übersehen, daß den in alter Zeit in stetiger Wanderschaft befindlichen Nguni-Völkern der Boden in erster Linie Lebensraum war, der sie reichlich mit dem versorgte, was sie benötigten, daß kein Mangel an Boden sie dazu zwang, ihn zum Gegenstand eines Verteilungsplans zu machen. Und erst die Notwendigkeit, ein Gut in irgendeiner Weise zu bewirtschaften, weil nicht sämtliche bestehenden Bedürfnisse auf einfachste Weise befriedigt werden können, führt dazu, dieses Gut zu einem rechtlich relevanten Objekt werden zu lassen. Erst dann ist eine Güterverteilung notwendig, die ihre rechtliche Ausprägung im Sachenrecht findet. So beschäftigt sich das Bodenrecht bei den Kap-Nguni denn auch ausschließlich mit Rechten hoheitlicher Natur, mit der Wahrung von Besitzständen und mit der Folge der Investition von Arbeit. Der letzte Punkt gehört strenggenommen eigentlich gar nicht mehr zum Bodenrecht, da er ein allgemeines Prinzip beinhaltet, das auf alle Teile der Umwelt der Kap-Nguni anzuwenden ist, nicht nur auf den Boden. Rechtsbündel, die als privates Eigentum an Boden einzuordnen wären, gibt es jedenfalls bei den Kap-Nguni nicht.

III. Eigentum an Menschen?

Besonders in älteren Schriften[1], aber auch in der neueren Literatur[2] über die Kap-Nguni taucht immer wieder der Begriff »Eigentum« im Zusammenhang der rechtlichen Beziehung bestimmter Menschen zueinander auf. So wird etwa

51 *Bertaux* 1966, 159; *Sellnow* 1961, 413.
52 *Schapera-Goodwin* 1959, 156; *Kerr* 1953, 22 f.
53 *Kerr* 1953, 33.
1 Vgl. unten Anmerkungen 4 und 5 und den von *Simons* 1968, 91 zitierten anonymen Autor.
2 Vgl. beispielsweise die Meinung des Mr. Justice (!) *Jones,* zitiert bei *Seymour* 1960, 77, Anm. 81; auch *Kidd 1925,* 352—353; *Hammond-Tooke* 1954, 29; *Seymour* 1960, 10, setzt wenigstens das »belong« in Anführungszeichen; vgl. auch *Jeffreys* 1951, 146.

der Vater als der Eigentümer seiner Kinder, insbesondere seiner Töchter, angesehen[3], der Ehemann als der Eigentümer seiner Frauen[4], der Häuptling als der Eigentümer aller anderen Stammesangehörigen[5]. In vielen Fällen mag die Terminologie nicht in strengem Sinn gebraucht werden; »Eigentum«, »gehören«, »Besitz« mögen mehr ein Zuordnungsverhältnis bezeichnen, wie ja auch in europäischen Sprachen die Benutzung des Possessivpronomens regelmäßig nicht im Sinn eines dinglichen Rechtsverhältnisses, sondern eher eines sozialen Zuordnungsverhältnisses gedacht ist. Dennoch kann kein Zweifel sein, daß häufig von den Schriftstellern ein dingliches Rechtsverhältnis im eigentlichen Sinn gemeint ist, wenn sie die oben erwähnten Rechtsbeziehungen schildern:

»The man owns his wives as truly, acoording to native law, as he does his spear or his goat, and he speaks of them accordingly ... The women being purchased with cattle from their fathers, become the slaves of their husbands ... The girls are jealously watched by their fathers: ›My daughter is equal to so many cattle‹ ... It is, as practised by the Kaffirs, essential slavery ... making the person an article of merchandise ...«[6].

»The people are the property of the chief, and anyone damaging the person of a subject injures the chief's property, and is, consequently, accountable to the chief.«[7]

Der Rahmen der vorliegenden Arbeit gebietet es daher, sich mit der Frage, ob es bei den Kap-Stämmen Eigentum an Menschen gibt oder gegeben hat, auseinanderzusetzen.

Dieser Frage ist nachzugehen, obgleich unbestritten die Kap-Nguni niemals fremde Völker unterworfen haben, um diese zu versklaven oder auch nur zu einer minderberechtigten Gruppe innerhalb ihrer Gesellschaft zu machen. Das hätte eine Schichtung oder jedenfalls doch die Anlage zu einer gesellschaftlichen Schichtung vorausgesetzt, die bei den Süd-Nguni nicht nachweisbar ist. Die Alternative, nach der die Xhosa und verwandte Stämme auf ihren Wanderungen nach Süden und Westen gehandelt haben, war, die Ureinwohner entweder zu bekriegen und zu vernichten[8] oder mit ihnen friedlich zusammenzuleben und sie mit der Zeit zu absorbieren. So führt Soga beispielsweise eine ganze Reihe von Xhosa-Stämmen an, die unzweifelhaft hottentottischer Abkunft sind[9].

3 *Hammond-Tooke* 1954, 29; *Seymour* 1960, 10; *Pim* 1934, 5.

4 *Holden* 1866, 206—207; *Kay* 1833, 142, 156; *Barrow* 1801, 203; *Dugmore* 1906, 37; *Pim* 1934, 5; nach *Patterson* 1790, 84—85, wechseln sich Streitigkeiten zwischen Hottentotten und Kaffern ab mit guten Beziehungen.

5 *Warner* 1906, 63; *Dugmore* 1906, 36; *Kropf* 1889, 178; *Kidd* 1925, 352—353; *Seymour* 1960, 10.

6 *Holden* 1866, 206—207.

7 *Kidd* 1925, 352—353.

8 So für die Buschleute *Brownlee* 1916, 196; (*Sayce* 1925, 28).

9 *Soga* 1931, 11—13, 120; vgl. auch *Brownlee* 1916, 195; *Hammond-Tooke* 1958, 15, 101.

Da wesentliches Stammes- oder Volks-Zugehörigkeitsmerkmal bei den Südost-Bantu die Anerkennung einer Treuepflicht gegenüber dem Häuptling ist und ein Wechsel der Stammeszugehörigkeit nicht selten vorkommt, fiel es auch Fremden, anderen Rassen angehörenden ethnischen Einheiten, nicht schwer, die Aufnahme in einen der Kap-Stämme zu erreichen. Diese Absorption trat besonders in Kriegszeiten ein. Während Männer feindlicher Stämme meist getötet wurden, wenn sie sich der Eroberung nicht beugten, wurden Frauen und Kinder dem eigenen Stammesgefüge eingegliedert. In keinem Fall haben Landnahmen der Kap-Nguni zu einer Versklavung der Ureinwohner geführt. Es bleibt daher nur die Frage nach den Rechtsverhältnissen innerhalb der eigenen ethnischen Einheit bestehen.

Die Ansicht, alle Stammesmitglieder seien E I G E N T U M des Häuptlings, hat ihren Grund in der patriarchalischen Gesellschaftsstruktur. Die Herrschaft des Häuptlings ist zwar von der Anlage des Staatsrechts her nicht diktatorisch, da vielfältige Kontrollen verhüten, daß sich der Häuptling zum Despoten aufwirft. Abwanderung ganzer Sippen »wegen der schlechten Regierung des Häuptlings« (ngenxa yempatho ombi yenkosi)[10] ist keine Seltenheit, wenn es den Ratgebern des Stammesoberhauptes nicht mehr gelingt, sich gegen ihn durchzusetzen. Aber die besonderen Bestimmungen des Strafrechts geben scheinbar den Vertretern der genannten Meinung recht.

»Alles Blut gehört dem Häuptling«[11]. Dieser Grundsatz bestimmt das Strafrecht der Kapstämme. Körperverletzung, Mord, Totschlag, Notzucht, aber auch schwarze Magie und Beleidigung sind Offizialdelikte, die der Häuptling ohne Strafantrag von Amts wegen verfolgt. Es sind Delikte, die, anders als Diebstahl, Hausfriedensbruch, Verführung und Ehebruch, die Sphäre des Häuptlings und damit des Stammes verletzen. Wird der Angeklagte für schuldig befunden, hat er eine Buße in Rindern zu zahlen, die dem Stammesoberhaupt zusteht. Die Verwandten des Getöteten oder der Verletzte erhalten keinen Schadensersatz — wenn man einmal von der Notzucht absieht, die eine Doppelstellung einnimmt —, häufig aber ein tröstendes Geschenk des Häuptlings, auf das jedoch keinerlei Rechtsanspruch besteht[12]. Daraus ziehen besonders die Autoren, die sich nur nebenbei mit den Gebräuchen der Eingeborenen beschäftigen, den Schluß, die Stammesmitglieder gehörten dem Häuptling. Sie fühlen sich bestätigt, wenn beispielsweise der bomvana Mann von sich und seinen Stammesgenossen als dem »Vieh des Häuptlings« spricht[13].

Ein solcher Ausspruch muß selbstverständlich allegorisch aufgefaßt werden. Überhaupt ist der Schluß der genannten Autoren nicht richtig. Eine sich vom

10 So *Hunter* 1961, 394; für den Häuptling besteht die Gefahr, »to become a chief of pumpkins«.

11 *Kidd* 1925, 353.

12 *Seymour* 1960, 10; *Schapera* 1959, 198—200; *Hunter* 1961, 418.

13 *Cook* 1931, 26.

europäischen Recht unterscheidende Grenzziehung zwischen öffentlichem (Straf-) und privatem (Schadensersatz-) Recht bei gleichzeitiger recht geringer Differenzierung beider Gebiete zeigt nur, daß der Staat, bzw. hier der Stamm, sein automatisches Eingreifen bei einer verhältnismäßig großen Anzahl verschiedener Rechtsbrüche (noch) nicht für notwendig hält. Diebstahl beispielsweise mögen die betroffenen Parteien unter sich ausmachen, der Staat greift nur ein, wenn seine Autorität angerufen wird, und auch dann nur schlichtend, falls die besonderen Umstände nicht eine öffentliche Zurechtweisung erforderlich machen[14]. Eine Herabsetzung der Kampf-, Verteidigungs- und Regenerationsfähigkeit des Volkes durch Körperverletzungs- und Tötungsdelikte dagegen betrifft die Interessen des Stammes unmittelbar. Bei der früheren geringen zahlenmäßigen Stärke der einzelnen Stämme zählt jedes Menschenleben: »Every man was an isihlango senkosi (shield of the chief!)«[15]. Daraus ergibt sich, daß eine zu zahlende Buße dem Häuptling als Repräsentanten der geschädigten Gemeinschaft gebührt.

Mit gleichem Recht könnten allerdings der Verletzte selbst oder die Verwandten eines Getöteten einen Anspruch auf eine entsprechende Leistung für sich geltend machen. Zur Beantwortung der Frage, warum ihnen ein solches Recht nicht zusteht, ist davon auszugehen, daß es bei den Kap-Nguni keine deutliche Trennung zwischen Strafe und Schadensersatz gibt[16]. Mangels klarer Scheidung zwischen öffentlichem und privatem Recht hat die an den Häuptling zu zahlende Buße eine doppelte Funktion: sie ist Strafe für das verübte Verbrechen, gleichzeitig ersetzt sie aber auch den Schaden, den der Stamm (sprich: das Stammesoberhaupt) durch den Wegfall eines Kriegers oder eines ebenso wichtigen weiblichen Stammesmitgliedes erlitten hat. Der Täter sühnt mit der Hingabe von Vieh, dem wichtigsten Gut in der Kultur der Kapstämme, das, wie gezeigt, auch in engem Zusammenhang mit Zeugung und Leben der Menschen gesehen werden muß. Würde der Täter nun auch an die Familie des Verletzten einen Schadensersatz zu leisten haben, käme das nach der Vorstellung der Kap-Nguni einer doppelten Bestrafung gleich. So tritt der Anspruch des einzelnen hinter den der öffentlichen Hand zurück; der Verletzte empfängt gelegentlich, eher als Gnadenerweis denn als Kompensation, einen Anteil an der geleisteten Buße, weil er eigentlich, einem Sprichwort zufolge, nicht »sein eigenes Blut essen« kann[17].

Die Tatsache, daß bei Körperverletzungs- und Tötungsdelikten die nach europäischer Rechtsauffassung Geschädigten keinen Anspruch auf Wiedergut-

14 *Schapera* 1959, 199.

15 *Hunter* 1961, 417.

16 Die Funktion der Sühne im Strafrecht als Schadensvergeltung betont für die Bodenbau- und Hirtenkulturen *Trimborn* 1950, 139.

17 *Hunter* 1961, 418.

machung haben, mag auch noch auf andere Weise zu erklären sein. Schapera[18] hat festgestellt, daß Mord oder Totschlag innerhalb der eigenen Verwandtschaftsgruppe bei Naturvölkern regelmäßig nicht die gleichen, scharfen Rechtsfolgen nach sich ziehen, wie es bei der Tötung eines zwar zur gleichen ethnischen Einheit gehörenden, aber nicht verwandten Fremden der Fall ist. Die Erklärung ist nach Schapera, daß dort, wo Blutrache herrscht, die Familie nicht ein weiteres Mitglied verlieren will. Wo die Blutrache aber durch Kompensationsleistungen ersetzt ist, wäre eine Bußleistung ebensowenig sinnvoll. Regelmäßig helfen die Verwandten dem Täter dabei, die Buße aufzubringen, die dann an die Verwandten des Getöteten verteilt wird. Je enger die Verwandtschaftsbeziehungen von Täter und Opfer sind, desto mehr überschneiden sich die Gruppen der Leistenden und Empfangenden, desto weniger Sinn hat eine solche Transaktion. Die Kap-Nguni sehen nun — wenigstens theoretisch — den Stamm als verwandtschaftliche Einheit. Das mag für frühere Zeiten, als die Stämme noch nicht sehr stark waren, sogar tatsächlich zugetroffen haben. Zudem war der Viehbesitz des einzelnen bei weitem geringer, als er es heute ist, so daß im Fall einer Bußzahlung sicherlich auch bei den Kap-Nguni die Verwandten mitzuhelfen hatten. Die Voraussetzungen für Schaperas Erklärung treffen also auf die Kap-Stämme zu. Es ist durchaus wahrscheinlich, daß ein ähnliches Verhalten sich bei Körperverletzungsdelikten herausgebildet hat, die den Tötungsdelikten sachlich sehr nahe stehen und bei denen die gleiche Problematik gegeben ist.

Bei der Bußleistung an den Häuptling würde es sich demnach um eine spätere Entwicklung handeln, die mit dem Wachstum der Stämme, dem Nachlassen der verwandtschaftlichen Bindung und mit der Institutionalisierung des Häuptlingstums Hand in Hand ging. Ein letzter Schritt dürfte dann gewesen sein, auch die unmittelbar Geschädigten — wenngleich zögernd — wieder am »Schadensersatz« teilhaben zu lassen.

Aus allen diesen Gründen erhellt, daß es sicherlich falsch ist, den Häuptling zivilrechtlich als Eigentümer seiner Leute anzusehen. Das Verhältnis der Genannten zueinander ist öffentlichrechtlicher, staatsrechtlicher Natur, keineswegs aber dinglich zu sehen.

Die Ansicht, Mädchen seien Eigentum ihres Vaters, Frauen das ihres Ehemannes, gründet sich im wesentlichen auf den ukulobola-Brauch, also die Übung, daß im Rahmen des Ehevertrages der Familie des Mädchens von der Familie des Mannes eine Anzahl Rinder übergeben wird. Auch das von einigen Kapstämmen geübte Levirat (ukungena) läßt sich in dieser Richtung interpretieren, nämlich als Vererben der Frauen. Die Tatsache, daß die Frau schwere Arbeit auf ihren Feldern tut, während der Mann sich angeblich auf Kriegs- und Jagdzügen vergnügt, läßt sie in den Augen einiger Verfasser als Sklavin er-

18 *Schapera* 1955 (b), 33 ff.

scheinen. Eine entsprechende Interpretation läßt die Rechtsfolge der Verführung eines unverheirateten Mädchens oder des Ehebruchs zu: dem »Eigentümer« der Frau muß Schadensersatz geleistet werden. Es ist sogar möglich, das zu erwartende ikhazi als Pfand für eine Schuld zu versprechen, ja sogar die Tochter selbst dem Gläubiger als Sicherheit zu übergeben. Die sich aus allen diesen Tatsachen ergebende Frage ist, ob sie ihren Grund in einem »Eigentum am Menschen« haben oder ob es der Natur der Sache näherliegende Erklärungen gibt.

Der entscheidende Fehler, den die Autoren mit den aufgeführten Ansichten machen, liegt darin, daß sie personenrechtliche Beziehungen mit sachenrechtlichen Kategorien zu erfassen suchen. Die Folgen und Begleiterscheinungen einer Ehe oder eines Kindschaftsverhältnisses können selbstverständlich auch vermögensrechtlicher Natur sein; es bedeutet aber eine Perversion des Familienrechtes, es ausschließlich unter sachenrechtlichen Gesichtspunkten zu untersuchen. Wie es in Europa nicht die Herabwürdigung einer Frau bedeutet, wenn ein Mann sie auch mit Rücksicht auf ihre reichen Eltern heiratet, besagt die unter den Nguni gegebene Möglichkeit, daß ein Vater einen hohen Brautpreis für seine Tochter anstrebt, nichts über die rechtliche Einordnung des Ehevertrages.

Es gibt viele Theorien über Funktion und Eigenart des ukulobola[19], auf die hier im einzelnen einzugehen nicht der Platz ist. Dennoch seien einige Aspekte dieses Fragenkreises angesprochen, die wesentliche Funktionen des ukulobola in der Kultur der Kap-Nguni erklären. Nach dem Verständnis der Eingeborenen bedeutet ukulobola nicht den Abschluß des Ehevertrages selbst, sondern ist nur Voraussetzung für den rechtswirksamen Eheschluß[20]. Die Hingabe des ikhazi dient auch als Beweiszeichen[21]: der Übergang der Rinder von einer Familie auf die andere anläßlich der geschlechtlichen Verbindung zweier Mitglieder dieser Gruppen indiziert, daß es sich um eine ordnungsgemäße Ehe, nicht um ein Konkubinat, handelt. Diese Tatsache ist besonders wesentlich für die Frage, welcher Gruppe die Kinder aus dieser Ehe angehören, der Familie der Mutter oder der des Vaters. Wie Jeffreys[22] herausgearbeitet hat, besteht eine wichtige Wechselbeziehung zwischen der Hingabe von Vieh durch die väterliche Familie an die Familie der Mutter und der Zuordnung des Kindes

19 Vgl. dazu *Goodfellow* 1954, 138—139; *Simons* 1968, 87 ff; *Jeffreys* 1951, 145 ff; *van Tromp* 1948; 47 ff; *Seymour* 1960, 101 ff; *Hirschberg* 1965 (a), 57; das Wort für »kaufen, ukuthenga«, wird nie auf ukulobola-Transaktionen angewandt, vgl. *Hammond-Tooke* 1954, 28; treffend formuliert *Simons* a.a.O., 88, »The short answer is that lobolo is no more the price of a wife than a dowry is the price of a husband, but that either can acquire some of the qualities of a sale in a commercially-minded society where property is valued for its own sake«.

20 *Seymour* 1960, 72.

21 *Goodfellow* 1954, 137; *Hirschberg* 1965 (a), 57.

22 *Jeffreys* 1951, 145 ff.

zur Familie des Vaters. Das ikhazi bildet den »Gegenwert« für die in der Ehe geborenen Kinder, mögen sie nun vom Ehemann oder einem Dritten gezeugt sein. »The cattle, not the men, beget the children«[23]. Besonders deutlich wird das bei denjenigen Kapstämmen, die keine endgültige Festlegung der Anzahl der zum ikhazi gehörenden Rinder kennen. Nach der Geburt eines jeden Kindes leistet der Ehemann der Mutter zumindest ein weiteres Rind an die Familie seiner Frau[24]. Entsprechend gehören die von einer nicht verheirateten Frau geborenen Kinder, mag sie noch unverheiratet, ihre Ehe geschieden oder nach dem Tode ihres Ehemannes aufgehoben sein, zur Familie der Frau. Der leibliche Vater kann sie aber dadurch in seine Gruppe übernehmen, daß er einen Preis in Vieh für den Unterhalt des Kindes, isondlo, leistet[25]. Jeffreys sieht darin eine Parallele zum ikhazi, einen »Brautpreis« ohne Ehe, und untermauert u. a. damit seine These, der sog. »bride price« sei in Wirklichkeit ein »child price«. Diese Interpretation wird bestätigt durch die Tatsache, daß bei den Kapstämmen dann ein Anspruch auf Rückgabe eines wesentlichen Teils des ikhazi besteht, wenn eine Ehefrau innerhalb der ersten Jahre ihrer Ehe stirbt, ohne Kinder geboren zu haben[26].

Mit der Betrachtung des ikhazi als Gegenleistung für die Kinder ist wohl der wesentlichste Aspekt des ukulobola erfaßt. Wenig überzeugt dagegen die Theorie, daß mit dem ikhazi der Familie der Frau ein Druckmittel in die Hand gegeben ist, Wohlverhalten des Ehemannes gegenüber seiner Frau zu erzwingen[27]. Bei den Kapstämmen ist es ohnehin so, daß bei Auflösung der Ehe aus Verschulden des Mannes der Brautpreis wenigstens zum Teil zurückerstattet wird[28]; nur wenn der Ehemann seine Frau ungerechtfertigt verjagt, verwirkt er damit sein Recht auf eine Rückvergütung[29]. Der ukuteleka-Brauch erscheint da viel wirksamer: verletzt der Ehemann seine Pflichten gegenüber seiner Frau oder deren Familie, verläßt diese ihn und geht zurück zu ihrer eigenen Familie, die sie ihrem Ehemann nur dann wieder überläßt, wenn er sie mit einem oder mehreren Rindern auslöst[30].

Wenig leuchtet auch die Meinung ein, das ikhazi sei eine Ausgleichsleistung für den von den Eltern aufgebrachten Unterhalt des Mädchens, denn inner-

23 *Seymour* 1960, 187.

24 Mavuma vs. Mbebe 1948 NAC (C&O) 16; *Simons* 1968, 92.

25 *Cook* 1931, 89; *Kropf-Godfrey* 1915, 316 »ondlo«; *Seymour* 1960, 152 und die dort in Fußnote 16 zitierten Entscheidungen.

26 *Seymour* 1960, 119.

27 *Hirschberg* 1965 (a), 57; *Hunter* 1961, 212—213; kritisch *van Tromp* 1948, 48.

28 Nonafu vs. Pike 1 NAC 120 (1906); Mfese vs. Maxayi 4 NAC 199 (1919); *van Tromp* 1948, 153—155.

29 Z. B. Doni vs. Nkebese 1943 NAC (C&O) 51; vgl. auch *Seymour* 1960, 133—134; Gunqashi vs. Cunu 2 NAC 93 (1910).

30 *van Tromp* 1948, 48; *Seymour* 1960; 131 ff; der Ehemann muß seine Frau auslösen (ukupuma).

halb der eigenen Familiengemeinschaft hat sie bereits in jungen Jahren Pflichten übernommen und so zum allgemeinen Lebensunterhalt beigetragen[31]. Eher schon könnte man im ikhazi den Ausgleich für den Verlust des Familienmitgliedes selbst sehen[32]. Dann stellen die geleisteten Rinder selbst aber wohl nicht den Ausgleich dar, sondern sie sind nur das Mittel, die Reihen der Familie durch den Erwerb einer neuen Braut wieder aufzufüllen. Der Effekt ist, daß sich Mädchen und Vieh in gegenläufigen Kreisen innerhalb der Gesellschaft bewegen und daß immer wieder ein Ausgleich herbeigeführt wird[33]. Vorteil dieses Systems ist, daß in einer Gesellschaft, die durch geringes Handelsvolumen wirtschaftlich nur lose verknüpft ist, ein Mindestmaß an gegenseitigen ökonomischen Beziehungen hergestellt wird, die sich im Fall von Notständen, also Krieg, Dürre u. ä. positiv auf die Güterverteilung im ganzen Stamm auswirken[34].

Schließlich weist Simons[35] noch auf eine weitere Funktion des ukulobola hin: das ikhazi stimmt die Verteilung der Frauen mit den Ansprüchen der Männer auf einen bestimmten sozialen Status ab. Ohne dieses Rechtsinstitut wären die begehrtesten Heiratspartner für die Frauen die jungen, physisch anziehenden Männer, selbst wenn sie arm und sozial bedeutungslos wären. Da Polygynie in der Gesellschaft der Kap-Nguni jedoch ein Statussymbol ist — die soziale Stellung manifestiert sich nicht qualitativ, sondern quantitativ —, würde diese Verteilung dem Gesellschaftssystem widersprechen. Ist der Eheschluß aber durch die Hingabe eines bedeutenden wirtschaftlichen Wertes bedingt, wird die bestehende gesellschaftliche Ordnung nicht angetastet. Dem ikhazi kommt auch insoweit eine ordnende Funktion zu.

Es ist also nicht zu leugnen, daß vielfältige ökonomische Verknüpfungen des ukulobola bestehen, die bei Pervertierung des Systems bewirken können, daß Eltern ihre Töchter allein nach wirtschaftlichen Gesichtspunkten einschätzen. Es mag Hochzeiten gegeben haben und noch geben, die einem Kauf sehr nahekommen. Nach dem oben Gesagten ist aber damit das Wesen des ukulobola nicht erfaßt, nicht seinem wesentlichen Gehalt nach beschrieben[36]. Endlich sei noch darauf hingewiesen, daß sich eine Braut bei den Kap-Nguni regelmäßig keineswegs »verkauft« vorkommt, wenn ein hohes ikhazi für sie geleistet wird. Im Gegenteil, sie ist sogar stolz darauf, daß sie ihrem Ehemann eine große Zahl von Rindern wert ist[37]. Nicht zuletzt unterscheidet sich auch

31 *Goodfellow* 1954, 137.
32 Vgl. *Simons* 1968, 90; *Goodfellow* 1954, 137 ff; *Kropf-Godfrey* 1915, 219 »lobola«; *Kropf* zustimmend *Soga* 1931, 264; *van Tromp* 1948, 49.
33 *Hirschberg* 1965 (a), 57.
34 *Goodfellow* 1954, 143.
35 *Simons* 1968, 91.
35 *Hirschberg* 1965 (a), 57.
37 *Goodfellow* 1954, 142.

deswegen der Umfang des ikhazi für eine Häuptlingsfrau erheblich von dem des Brautpreises für eine weniger bedeutende Frau.

Schließlich scheitert die Auffassung der Frau als Sache in der Kultur der Kap-Nguni an dem hohen Maß von Initiative, das sie bei der Regelung ihrer eigenen Angelegenheit zu ergreifen berechtigt ist. Sie hat das Recht, ihren Ehemann zu verlassen, wenn er sie nicht korrekt behandelt, und kann sogar die Scheidung herbeiführen, indem sie das für sie geleistete ikhazi ganz oder teilweise in den umzi ihres Mannes zurücktreibt[38]. Im Fall der Verwitwung vermag die Frau sogar selbst zu entscheiden, wo sie ihren Wohnsitz zu nehmen wünscht, ob sie im Kral ihres verstorbenen Ehemannes bleiben will, lieber zu einem ihrer Söhne ziehen oder zu ihrer eigenen Familie zurückgehen möchte[39]. Solche Qualitäten weist Eigentum in keiner Rechtsordnung auf!

Auch beim ukungena-Brauch handelt es sich um etwas ganz anderes als das V E R E R B E N einer Frau[40]. Ziel des Levirats ist es vielmehr, dem Verstorbenen noch Nachkommen zu geben, die für ihn opfern, die notwendigen Riten vollziehen, sein Erbe antreten. Zudem gibt diese Sitte der Frau oder den Frauen des Verstorbenen eine Stellung innerhalb der Gesellschaft, die in jeder Hinsicht noch Bedeutung hat, ihnen ein ausgefülltes Leben sichert und dem Stamm alle ihre Kräfte zugute kommen läßt.

Ebenso findet das »Sklavenlos« der Frau eine Erklärung. Es beruht auf der geschlechtlichen Arbeitsteilung und der Fehlinterpretation der in ihren eigenen Auffassungen befangenen Besucher aus Europa nicht nur früherer Jahre. Während gefährliche Jagden und Kriege und die Fürsorge um das Vieh den Mann gänzlich in Anspruch nehmen, hat die Frau neben ihren häuslichen Pflichten die Arbeit auf den — ursprünglich recht kleinen — Feldern zu verrichten.

Die Zuordnung eines Mädchens zu einem anderen Haus innerhalb des Krals oder seine »Verpfändung« für eine Schuld des umnini'mzi beinhaltet im wesentlichen die Entscheidung, daß sein ikhazi an das andere Haus gehen oder zur Tilgung der Schuld dienen soll. Verpfändet wird also nicht eigentlich das Kind, sondern das für es zu erwartende Vieh. Dabei ist zu beachten, daß die eingegangene Verbindlichkeit, für die eine Tochter verpfändet wird, daraus resultiert, daß man für einen Sohn zur Heirat hinreichend Vieh beschaffen will; die Transaktionen dienen also nur dem Kreislauf des Rindes als ikhazi. Andere als zu diesem Zweck eingegangene Verpflichtungen sind in der traditionellen Nguni-Gesellschaft kaum denkbar, denn »commercial contracts were

38 *van Tromp* 1948, 152; Noenjini vs. Nteta 2 NAC 106 (1911); die Ehefrau hat kein eigentliches Recht, die für sie gegebenen Rinder zurückzutreiben, die Sitte erlaubt es ihr aber, ihren Ehemann und ihre eigene Familie vor vollendete Tatsachen zu stellen. Vgl. auch *Seymour* 1960, 125 ff.

39 *Seymour* 1960, 141 ff; *van Tromp* 1948, 123 ff.

40 *Hunter* 1961, 210 ff.

unknown in the self-sufficient domestic economy of the pre-colonial society. The moderate amount of barter that peasants practised fell far short of constituting anything like an exchange economy«[41]. Eine »Verpfändung« auf rein kommerzieller Grundlage ist daher gar nicht denkbar.

Und schließlich die Tatsache, daß der Vormund berechtigt ist, Buße für die Verletzung der Geschlechtsehre seiner Mündel zu fordern; betrachtet man (wie im deutschen Recht beispielsweise) das verführte Mädchen als Verletzte, so ist es nur recht und billig, wenn der Vormund des Opfers den Schadensersatz für dieses in Anspruch nimmt. Zudem ist traditionell der Brautpreis für ein bereits verführtes Mädchen nicht so hoch wie für eine Jungfrau. Dieser Schaden an materieller Sicherung kann durch eine Buße ausgeglichen werden. Und im Fall des Ehebruchs ist der Ehemann der Verletzte. Zwar hat er keinen Schaden, aber wenn dem Ehebrecher eine Buße auferlegt wird, der Stamm aber ein obligatorisches Einschreiten nicht für notwendig hält und die Buße nicht für sich in Anspruch nimmt, so ist jedenfalls der Ehemann der erste, dem diese Leistung zusteht.

Zusammenfassend kann festgestellt werden, daß es bei den Kap-Nguni kein Eigentum an Menschen gibt. Die dahin gehenden Annahmen beruhen allesamt auf falscher Interpretation einiger Kultureigenheiten und auf mangelnder Information.

IV. Eigentum an Gebrauchsgegenständen

Wie bereits eingangs erwähnt wurde, ist die Vielfalt der Gebrauchsartikel in der traditionellen Kultur der Kap-Stämme recht beschränkt. Nach dem Prinzip der geschlechtlichen Arbeitsteilung liegt die Verarbeitung eines bestimmten Materials oder die Ausübung einer bestimmten handwerklichen Tätigkeit regelmäßig entweder in der Hand der Männer oder der Frauen[1].

Metallverarbeitung ist Männersache: Eisengewinnung und Verarbeitung in Speerspitzen, Herstellung von Schmuckgegenständen aus eingehandeltem Messing und Kupfer.

Auch Holzverarbeitung obliegt Männern: Herstellung und Errichten der Holzrahmen für die traditionelle Bienenkorbhütte (die ihrer Funktion nach und wegen ihrer rechtlichen Stellung hier zu behandeln ist, anders als etwa das Haus nach europäischem Recht, wo es zu den Immobilien, also dem Recht an Grund und Boden gehört), Schnitzen von Speerschäften, Stöcken, Fleischschüsseln, Milcheimern, Löffeln und der Kopf- bzw. Sitzbank. Kalebassen werden als Holz angesehen.

41 So *Simons* 1968, 88; vgl. auch *Goodfellow* 1954, 135.

1 Einzelheiten dazu vgl. bei *Hunter* 1961, 96 ff; *Hammond-Tooke* 1962, 26 ff; *Kropf* 1889, 98—99, 104—106, 112—117; *Döhne* 1843, 36—42; *Schapera-Goodwin* 1959, 142—148, 153, 160—161; Informant B und Information IV.

Desgleichen stellen die Männer Schnitzereien her aus Horn und Knochen, z. B. Schnupftabakbehälter und -löffelchen, Medizingefäße.

Auch das Bearbeiten und Verarbeiten von Tierfellen zu Kleidung, Penisfutteralen, Schilden, Schuhen ist Männerarbeit, also sowohl das Gerben als auch das Nähen.

Den Männern obliegt auch das Nähen von wasserdichten Bierkörben und das Weben der Biersiebe aus den Blättern der ilala-Palme und der Fleischplatten aus einer Rankpflanze.

Gras dagegen wird von Frauen verarbeitet: zum Decken der Bienenkorbhütten und zur Herstellung von Schlafmatten, Tellern, Körben, Besen, Biersieben.

Auch die Tonverarbeitung zu Töpfen liegt in Händen der Frauen, wenn man davon absieht, daß Kinder, meist Jungen, Lehmspielzeuge (Tiere, Häuser) basteln, die aber selten gebrannt und damit dauerhaft gestaltet werden.

Frauen stellen Schmuck aller Art her, heute hauptsächlich unter Verwendung eingehandelter Glasperlen.

Für alle diese handwerklichen Tätigkeiten gilt, daß dem Produzenten der Gegenstände die ausschließliche Verfügungsmacht über sie zusteht; er ist Eigentümer[2].

Da sowohl Männer als auch Frauen zum täglichen Leben Artikel benötigen, deren Herstellung dem anderen Geschlecht vorbehalten ist, müssen sie sich gegenseitig mit ihren Produkten versorgen und gleichzeitig gemeinsam diejenigen, die zu jung, zu alt oder aus sonstigen Gründen nicht in der Lage sind, selbst Gebrauchsgegenstände anzufertigen. Obwohl man davon ausgehen kann, daß sämtliche Bedarfsartikel in einem umzi hergestellt werden, dieser daher wirtschaftlich autonom sein könnte, findet ein Güteraustausch mit anderen imizi statt. Das gilt auch, wenn man den geringfügigen Handel einmal außer Betracht läßt, in dessen Rahmen besonders hochwertige Güter und Produkte einiger Spezialisten beschafft werden: Speerspitzen, besonders schöne Pfeifen, Töpfe und Flechtarbeiten[3].

Auch bei der Versorgung von Angehörigen des anderen Geschlechts mit eigenen Produkten wird die strenge Trennung zwischen Verwandten der Frau und Verwandten des Mannes beachtet: Männer versorgen nur ihre Blutsverwandten mit den von ihnen hergestellten Gütern, also nicht etwa ihre eigenen Frauen, sondern ihre Mutter, ihre Schwestern, ihre Kinder. Die Frauen erhalten bei ihrer Heirat von zu Hause eine Mitgift, die Kleidung und Haushaltsutensilien umfaßt. Bei Verschleiß haben ihr Vater bzw. ihre Brüder für Erneuerung oder Reparatur zu sorgen[4]. Trennen sich die Ehepartner, nimmt die

2 Vgl. dazu den interessanten von *Alberti* 1968, 59—60 geschilderten Fall; Informanten B, C, D.

3 *Hunter* 1961, 133 ff; *Schapera-Goodwin* 1959, 153 ff.

4 *Hunter* 1961, 40, 128; Informant L; falsch *van Tromp* 1948, 107.

Frau die Gegenstände mit sich. Nur die Hütte macht insofern eine Ausnahme: sie wird von der jungen Frau zusammen mit ihrem Mann gebaut. Diese Leistungen an Blutsverwandte sind gesetzliche Pflicht, die aus dem personenrechtlichen Verhältnis der Familie entspringen. Sie sind Teil eines Sorgerechts, das den gleichen Ursprung hat wie etwa das Recht einer Frau, jederzeit zu ihren Verwandten zurückzukehren.

Daneben gibt es aber auch andere unentgeltliche Leistungen, die nicht an irgendwelche personenrechtlichen Beziehungen gebunden sind: Mädchen schenken ihren Freunden Schmuck; diese ihren Freundinnen etwa eine Pfeife[5]. Der Ehemann macht seiner Ehefrau Geschenke und umgekehrt; der Schwiegersohn seiner Schwiegermutter, oft vor der Hochzeit; die Schwiegermutter ihrer jungen Schwiegertochter, wenn sie gerade eine Anzahl Matten oder Töpfe hergestellt hat. Hier handelt es sich aber um Gaben, denen keine rechtliche Verpflichtung zugrunde liegt.

Ist eine Frau besonders geschickt in der Herstellung einiger Geräte, steht es ihr — wie auch Männern — frei, mit diesen Tauschhandel zu treiben. Das Eingehandelte mag sie dann, ist es ebenfalls ein Gerät, nach Belieben verwenden. Ist es ein Rind oder eine Ziege, wird es automatisch ihrem Haus zugeordnet; desgleichen, wenn sie Lebensmittel einhandelt[6].

Die Rechtslage bei Diebstahl und Verarbeitung fremden Materials ist nicht ganz klar, Beweisfragen werden von der materiellen Rechtslage nur selten unterschieden. Das gilt insbesondere für die Frage, ob ein Herausgabeanspruch gegen den gutgläubigen Erwerber einer von einem Dritten gestohlenen oder unterschlagenen Sache besteht. Zweifelsfrei ist, daß der bösgläubige Erwerber dem Eigentümer die Sache herauszugeben hat; er wird dem Dieb gleichgesetzt. Im Grunde scheint dieser Anspruch auch gegen den gutgläubigen Erwerber zu bestehen, wenngleich von Informanten immer wieder betont wurde, daß man sicherlich selten beweisen könne, daß es sich um den eigenen Topf, den eigenen Stock handele[7]. Erstaunlicherweise wurde von meinen Gewährsleuten fast niemals Bezug auf irgendwelche Eigentumsmarken genommen, die nach Kropf[8] die meisten Gebrauchsgegenstände tragen. Die mangelnde Unterscheidung von Rechtsfolgen nach gutem oder bösem Glauben des Erwerbers wird damit begründet, daß es ohnehin nicht festzustellen sei, ob der Erwerber vom Diebstahl oder von der Unterschlagung des Veräußerers gewußt habe[9].

Auch bei der Verarbeitung wird kein Unterschied gemacht, ob es sich um gestohlenes oder unterschlagenes Material handelt. Die Frau, die sich Gras zum Flechten geschnitten hat, bleibt Eigentümerin, gleich ob sich eine Dritte durch

5 Information IV und V.
6 Informanten E, K, L, N.
7 Informanten B bis E, N bis V.
8 *Kropf-Godfrey* 1915, 326 »pau«.
9 Informanten I und G.

Unterschlagung oder Diebstahl in den Besitz des Materials gesetzt hat, um es für ihre Zwecke zu verarbeiten. Ist aus solchem fremden Material ein Gegenstand angefertigt, so steht dieser im Eigentum des Material-Eigentümers. Das Eigentum am Material wirkt stärker als die investierte Arbeit. Gelegentlich klingt in Antworten durch, daß mit einer solchen Entscheidung dem Dieb auch die gerechte Strafe widerfährt: »Die Geschicklichkeit des Diebes arbeitet für den Eigentümer!«[10]

Erstaunlicherweise sind die Rechtsfolgen der Veräußerung eines aus gestohlenem Material hergestellten Gegenstandes aber verschieden von denen der Veräußerung eines gestohlenen Gegenstandes. Der Erwerber eines aus gestohlenem Gras geflochtenen Korbes erwirbt Eigentum daran, braucht die Sache nicht dem Eigentümer des Materials herauszugeben[11]. Hier wird offensichtlich vermutet, daß der Erwerber den Hersteller des Gegenstandes auch für dessen Eigentümer hält.

Sowohl im Fall der Veräußerung eines aus gestohlenem Material hergestellten Gegenstandes als auch im Fall der Veräußerung eines gestohlenen Gegenstandes, wenn dieser nicht mehr erlangt werden kann, ist der Dieb zur Herausgabe des als Gegenleistung Erlangten in vollem Umfang verpflichtet[12].

Die Abgabe eines Fundes verleiht keinen Anspruch auf Finderlohn; man erwartet aber eine kleine Belohnung[13].

Alle genannten Regeln über die Veräußerung von Gebrauchsgegenständen treffen jedoch ohne Einschränkung nur bei neu angefertigten Sachen zu. Gebrauchte Gegenstände dagegen werden kaum veräußert, man hütet sie sogar besonders sorgfältig vor dem Zugriff anderer. Sie stehen in einem besonders engen Verhältnis zum Eigentümer. Diese Bindung tritt am deutlichsten bei der Initiation und beim Tode eines Menschen zutage.

Insbesondere bei den Jungen erhellt, welche Vorstellungen mit dieser Periode der Abgeschiedenheit verbunden sind. Mit dem Beginn der Riten endet nach der Anschauung der Süd-Nguni die Existenz der Knaben. Die Kinder verlieren ihren Namen, gelten überhaupt nicht mehr als Menschen, sondern werden als wilde Tiere angesehen. Ungestraft brechen sie nachts in die Viehpferche ein und stehlen und schlachten Vieh. Sie bemalen sich mit weißer Farbe, Symbol der Zauberei und der Ahnen. Sobald ihre Wunden geheilt sind, erfreuen sie sich einerseits größter sexueller Freiheiten. Andererseits umgeben sie strikte Tabus bezüglich ihrer Kleidung, ihrer Ernährung und des Umganges mit anderen Menschen. Sie haben den Blick vor Erwachsenen niederzuschlagen und durch Rasseln oder andere Geräusche anzuzeigen, daß sie sich nähern. Kontakt mit ihnen kann gefährlich sein. Die engen Beziehungen der abakwetha zur

10 Informant B; zustimmend C bis F, T; abweichend ohne Begründung O und V.
11 Informanten B, D, S, V; anderer Ansicht C.
12 Informanten B bis F, O, T, V.
13 Informanten E, F, H, N, O bis V.

Geisterwelt sind ganz deutlich. Erscheinen die weißbemalten Gestalten am Horizont, so nehmen die kleinen Kinder schreiend Reißaus[14]. — Mit dem Ende der Riten tritt der umkwetha in ein neues Leben ein. Er erhält einen neuen Namen. Er ist kein Knabe mehr, nun ist er ein Mann. Durch die Initiationsriten hat der Knabe eine neue Identität erhalten.

Das Interessante in diesem Zusammenhang ist, daß der beschriebene Persönlichkeitswechsel begleitet wird von der absichtlichen Vernichtung aller Gegenstände, mit denen die Knaben in nähere Berührung gekommen sind: Waffen, Geräte, Kleidung, Schlafmatten werden zusammen mit der Hütte, in der die abakwetha gewohnt haben, verbrannt, ebenso die besonders für die rituellen Tänze angefertigten Strohkleidungsstücke. Die weiße Farbe wird abgewaschen. Nach abschließenden Zeremonien erhalten die jungen Männer neue Kleidung, neue Waffen von Freunden und Bekannten zum Geschenk[15]. Der Verlust der alten Persönlichkeit führt hier also auch zur Vernichtung aller persönlich benutzten Gegenstände. — Das gleiche Phänomen erscheint bei den mit der ersten Menstruation verbundenen Riten der Mädchen, obwohl es dabei weniger augenfällig ist, da die Zeremonien für sie einzeln vollzogen werden. Auch hier werden nach Abschluß der Absonderungsperiode alle Gegenstände, mit denen das Mädchen in sehr enge Berührung gekommen ist, vernichtet, und es erhält einen neuen Namen[16].

Ähnliches Vorgehen ist beim Tode eines Menschen zu beobachten. Entweder werden die persönlichen Gebrauchsgegenstände eines Verstorbenen ihm mit ins Grab gelegt oder in der Nähe des Grabes gelassen oder verbrannt. Die Zerstörung der leiblichen Hülle eines Menschen wird von der absichtlichen Zerstörung seiner persönlichen Habe begleitet. Sogar wenn ein Mann fern von zuhause stirbt, werden bei der Nachricht seines Todes alle seine Habseligkeiten zusammen mit seiner Hütte verbrannt[17]. Von der Vernichtung nimmt man nur die Gegenstände aus, denen ein besonderer Wert zukommt. Diese müssen aber vor weiterer Verwendung rituell gereinigt werden, wie auch die Personen, die mit dem Toten oder mit den abakwetha in enge Berührung gekommen sind, sich zu reinigen haben.

14 Zur Initiation der Knaben insgesamt vgl. *Raum* 1968, 121—147; *Cook* 1934, 9; *Walk* 1928, 887 ff; *Hunter* 1961, 163 ff; *Laubscher* 1951, 113—140, *Fritsch* 1872, 109 ff; *Soga* 1931, 245 ff; *Hammond-Tooke* 1962, 79 ff; *Schweiger* 1914, 53 ff; *Blohm* 1935, 160 ff; *MacDonald* 1890, 269 ff; Information I und IV.

15 Information IV.

16 Zur Initiation der Mädchen vgl. unter anderen *Walk* 1928, 918 ff; *Cook* 1934, 10; *Hammond-Tooke* 1962, 82 ff; *Blohm* 1935, 167 ff; *MacDonald* 1891, 116—118; *Hunter* 1961, 165 ff; *Fritsch* 1872, 111 ff; *Laubscher* 1951, 141—153.

17 *Cook* 1934, 10; *Alberti* 1968, 96; *Molema* 1920, 175; *Kropf* 1889, 155; *Cook* 1931, 90, 91; *Soga* 1931, 319 ff; *Hunter* 1961, 227—229; *Döhne* 1843, 23 ff; *Fritsch* 1872, 116 ff; anderer Ansicht *Willoughby* 1928, 75; für die Thonga vgl. *Junod* 1962, 140, 165; Information III und IV.

In diesen Verhaltensweisen zeigt sich, daß die persönlichen Gebrauchsgegenstände, wenn sie benutzt worden sind, das Schicksal ihres Eigentümers teilen. Man bezeichnet sie als »sein Schmutz«, sie haben keinen Wert an sich, sie bilden einen Teil des Individuums wie etwa seine Fingernägel und sein Haar. Diese Parallele ist auch insofern richtig, als Bestandteile des Körpers und persönlich benutzte Gegenstände gleichermaßen dazu dienen können, dem Betreffenden Schaden zuzufügen. Gegenstände des persönlichen Gebrauchs oder Fingernägel und Haar gestatten es dem igqwira, seine schwarzen Künste mit besonderer Wirksamkeit auszuüben. Aus diesem Grunde wird die eingangs der Initiationsperiode abgetrennte Vorhaut auch von den Initianten entweder verschluckt, vergraben oder in einem Termitenhaufen plaziert[18]. Man will sicher sein, daß dieses Stück des eigenen Körpers nicht in die Hände einer anderen Person gerät. Es sind also magische Vorstellungen, die das besonders enge Verhältnis zwischen persönlichem Gebrauchsgegenstand und Person begründen. Insbesondere durch das Verfahren bei Begräbnissen möchte man verhindern, daß sich ein igqwira des Verstorbenen bemächtigt, um ihn für seine Zwecke einzusetzen.

Unter die hier behandelte Gruppe der persönlichen Gebrauchsgegenstände fallen auch die Hütten der Kap-Nguni, die regelmäßig das Schicksal der persönlichen Habe teilen. Das kommt wiederum bei der Initiation und beim Tode deutlich zum Ausdruck. In beiden Fällen werden die Hütten der Bewohner verbrannt. Stirbt ein Kind, findet diese Regel allerdings keine Anwendung; die eigene Ausstrahlung des Kindes ist noch nicht so groß, als daß auch hier eine Vernichtung erforderlich wäre. Stirbt der umnini'mzi, so werden traditionell nicht nur die Hütten des gesamten Krals verbrannt, sondern der umzi wird sogar, wenn auch nur um eine geringe Distanz, an einen anderen Ort verlegt[19].

Aus dem Gesagten erhellt ebenfalls, daß es ein ausgesprochenes Erbrecht an Gebrauchsgegenständen nicht gibt. Die wenigen wertvollen Geräte, die von der Vernichtung ausgeschlossen sind, werden nach allgemeinen Regeln weitergegeben: der Haupterbe des umnini'mzi übernimmt auch dessen persönliche Hinterlassenschaft. Beim Tode einer Frau ist ihr jüngster Sohn der vorrangig Bedachte.

Die geschilderten Vorgänge um Initiation und Tod von Menschen sind sehr

18 Information I.

19 *Vgl. Alberti* 1968, 96; *Molema* 1920, 175; *Hunter* 1961, 227, 228; *Cook* 1931, 91, Nach europäischer Auffassung haben diese Reinigungszeremonien sicherlich einen echten hygienischen Effekt: eventuelle Krankheiten, an denen jemand stirbt, werden durch Vernichtung der Habe des Verstorbenen und derjenigen, die in enge Berührung mit ihm gekommen sind, und durch die Waschungen an der weiteren Ausbreitung gehindert. Metallene und elfenbeinere Produkte, die nicht zerstört werden, bieten auch keinen guten Nährboden für Krankheitskeime. Diese Überlegungen spielten selbstverständlich keine Rolle im Bewußtsein der Kap-Nguni.

komplexer Natur. Ihre rechtliche Bedeutung ergibt sich eigentlich erst aus ihrem religiösen Wesen. In beiden Fällen handelt es sich um Übergangsriten, die von van Gennep[20] so genannten rites de passage, die den betroffenen Menschen von einer Daseinsform in eine andere überführen. Bei der Initiation trennt sich der Mensch von einer mehr oder weniger asexuellen Welt und wird nach einer Übergangsphase in die Welt der Erwachsenen einbezogen, die wesentlich von der sexuellen Betätigung zur Erhaltung des eigenen Stammes bestimmt ist. Beim Tod steht die Trennung von den Lebenden im Vordergrund, aber auch hier findet ein Übergang statt, nämlich in die Geisterwelt, wo der Verstorbene, wie bereits geschildert, als Ahnengeist weiterexistiert. Die natürlichen Veränderungen, denen der Mensch während der Reifezeit und beim Tode unterliegt (selbstverständlich auch bei der Geburt, die aber für diese Arbeit ohne Bedeutung ist), geben dem Eingeborenen Probleme auf, die er nur religiös zu bewältigen vermag. Für ihn wirken zu solchen Gelegenheiten übernatürliche Kräfte, die gefährlich sind. Ihr Einfluß auf den Betroffenen macht diesen in besonderer Weise verletzbar, andererseits geht von ihm aber auch eine Gefahr für Dritte aus, vor der man sich schützen muß. Hierin ist der Grund für die besonderen Maßnahmen zu sehen, die sowohl die Initiation als auch den Tod eines jeden Menschen bei den Kap-Nguni begleiten. Die Vernichtung aller der Dinge, mit denen der Initiant oder der Tote in Berührung gekommen ist, soll verhindern, daß die übernatürlichen Kräfte falsch, d. h. schädigend, wirken oder daß sie mißbraucht werden von einem igqwira, der sich ihrer bemächtigt. Die Unveräußerlichkeit von Gegenständen, die der Vernichtung unterliegen, ist die sich aus der religiösen Vorstellung ergebende rechtliche Konsequenz.

Werden neue Gegenstände gestohlen oder beschädigt, so erreichen meist bereits die Familien der Beteiligten einen Ausgleich. Andernfalls spricht auf Antrag der Dorfälteste Strafe und Höhe des Schadensersatzes aus. Fahrlässige Eigentumsverletzungen sowie die von kleinen Kindern begangenen führen weder zur Bestrafung, noch lassen sie einen Schadensersatzanspruch entstehen. Entsprechend verhält es sich bei der Beschädigung von gebrauchten Gegenständen. Wird aber eine solche Sache gestohlen, so kann das nur zu Zwecken der schwarzen Magie geschehen sein, denn wer außer einem igqwira kann Interessen an dem »Schmutz« eines anderen haben?! Der Zauberer aber hat, wie bereits dargetan, mit schwerer Bestrafung zu rechnen[21].

Ähnlich wie Gebrauchsgegenstände sind Hunde persönliches Eigentum, meist der Männer, da sie ihre Hauptverwendung auf der Jagd finden[22]. Man hält sie

20 *van Gennep* 1960, passim, insbesondere aber 65 ff und 146 ff; vgl. auch *Hirschberg* 1965 (a), 373, und *Dammann* 1963, 172 ff.

21 *Cook* 1931, 151.

22 Hunde allgemein vgl. *Hammond-Tooke* 1962, 25; *Kidd* 1925, 316, 319; *Lichtenstein* 1812, 270; *Kropf* 1889, 111; *Willoughby* 1926, 342; kritisch *Frank* 1965, 34.

aber auch zur Abwehr von Geistern[23]. Theal[24] berichtet sogar eine Erzählung, in der Hunde ihren Herrn vor einem »menschenfressenden Waldgeist« retten, indem sie diesen zerreißen. Opfer von Vierbeinern, darunter auch Hunden, berichtet Lichtenstein[25] für Fälle, in denen die abantu bomlambo eine Krankheit geschickt haben. Besonders gute Hunde jedenfalls sind begehrte Objekte; ihr Eigentümer nimmt sie sogar mit in seine Hütte[26]. Im übrigen aber schenkt man ihnen keine besondere Aufmerksamkeit[27], sie gehören zum Kral und sind rechtlich dem umnini'mzi zuzuordnen.

V. Eigentum an Geistesschöpfungen, Kenntnissen und Vorrechten

Eigentum an Geistesschöpfungen läßt sich bei den Kap-Nguni kaum nachweisen. Erfindungen, welcher Art auch immer, genießen keinen rechtlichen Schutz. — Auch dichterische Leistungen, wie sie insbesondere vom Barden (imbongi) eines jeden Häuptlings bekannt sind, stehen nicht unter Urheberrecht. Die Fähigkeit, Preisgesänge zu verfassen, ist eine Gabe der Ahnen, die jeder nach eigenem Gutdünken nutzen mag; sie ist nicht erlernbar. Wiederholt ein Dritter die Preisgesänge oder benutzt er die vom Barden geprägten Redewendungen, so bedeutet das keine Einschränkung der Kunst dieses Mannes, es ehrt ihn vielmehr und dient ihm als Beweis seines Könnens. Kein Preissänger übt seine Kunst gegen Entlohnung aus; er erhält aber regelmäßig eine Belohnung, auf die ihm allerdings kein Rechtsanspruch zusteht[1].

Die Handwerke werden nicht im Rahmen einer formalisierten Lehrlingsausbildung weitergegeben. Jedermann erwirbt durch einfaches Zusehen und Übung zumindest eine Grundkenntnis von den Arbeiten, die seinem Geschlecht zugewiesen sind[2]. Eventuell neu entdeckte handwerkliche Techniken genießen keinen Rechtsschutz. Entwickelt jemand eine besondere Fähigkeit, so wird der Kreis derer, für die er arbeitet, gelegentlich recht groß, er kann mit seinen Produkten handeln. Da auch manuelle Fertigkeiten von den Erbanlagen abhängen, ist es häufig, daß der Vater seinem Sohn ein Handwerk »vererbt«; das bedeutet aber nicht das Übergehen bestimmter Rechte oder geheimer oder geschützter Kenntnisse. Die Weitergabe handwerklicher Kenntnisse gegen Entgelt ist nicht üblich. — Eine Ausnahme von dieser Regel bil-

23 *Hunter* 1961, 297.
24 Zitiert bei *Frank* 1965, 34.
25 Zitiert bei *Frank* 1965, 91; *Lichtenstein* 1811, 1, 414.
26 *Kropf* 1889, 111; *Patterson* 1790, 94.
27 Die geringe Bedeutung des Hundes in Südafrika betont *Frank* 1965, 1; bestätigt durch Information IV.
1 So Informant A; vgl. aber auch *Kropf-Godfrey* 1915, 42 »bonga«; *McLaren* 1963, 15 »bonga«; *Hunter* 1961, 371; *Hammond-Tooke* 1962, 175.
2 *Hunter* 1961, 96 ff; *Hammond-Tooke* 1962, 78; Informanten B, C, D.

den nur die Schmiede, deren Handwerk grundsätzlich vom Vater auf den Sohn tradiert wird. Aber auch Außenseiter können, dann allerdings gegen Bezahlung, diese Kunst erlernen[3]. Ähnlich verhält es sich mit den besonderen Kenntnissen der Zauberer. Der igqwira, der schwarze Magier, übt seine Tätigkeit nicht öffentlich aus und kann deshalb seine Kenntnisse nicht öffentlich weitergeben. Der hauptsächlich weiße Magie betreibende igqira dagegen bildet regelrecht Lehrlinge aus. Diese müssen allerdings zunächst von den Ahnen berufen werden (ukuthwasa), was sich in heftigen Träumen, auch Tagträumen, oft sogar in leichter Geistesgestörtheit manifestiert[4]. Nur unter diesen Bedingungen werden die Lehrlinge (abakwetha) von einem ebenfalls durch die Ahnen bestimmten Lehrmeister ausgebildet. Die Lehrzeit erstreckt sich über mehrere Jahre, in denen der umkwetha die handwerklichen Voraussetzungen dieses Berufes erlernt. Dabei zeigen sich aber Besonderheiten, eine für ihn typische Art des Wahrsagens beispielsweise, die mit seiner individuellen Berufung zusammenhängen. Bei Eintritt in das Lehrverhältnis ist eine je nach den Umständen verschiedene Gebühr an den Lehrmeister abzuführen, vielleicht eine Ziege, uvulitasi genannt, »Sacköffner«[5], deren Ziel es ist, den Lehrmeister zum Öffnen seines Wissensschatzes zu bewegen. Die eigentliche Entlohnung für die Ausbildung wird mit der letzten Zeremonie für den Schüler (dem ukugodusa igqira, »Hereinführen des Zauberers«) fällig: ein Rind[6].

Während beim igqira die Berufung im Vordergrund steht, kann sich zum Kräuterdoktor (ixwele) jedermann ausbilden lassen, der Neigung dazu verspürt[7]. Die Tätigkeit des ixwele liegt im Gegensatz zum igqira weniger auf dem Gebiet der Diagnose als auf dem der Heilung bereits diagnostizierter Krankheiten und Beschwerden. Beide Tätigkeiten gehen ineinander über, aber der ixwele ist eher in der Lage, eine tatsächliche Kenntnis zu vermitteln. Die Ausbildung zum ixwele ist weniger formalisiert als die zum igqira und nicht mit besonderen Zeremonien verbunden. Auch für sie wird ein Entgelt bezahlt, nämlich das erste selbstverdiente Rind.

Der ixwele bildet aber nicht nur Schüler aus, er verkauft nicht nur seine Medizinen, er verkauft auch die Kenntnis der Herstellung und Zusammen-

3 *Hunter* 1961, 100.

4 *Laubscher* 1951, 220 f, 35; *Hunter* 1961, 320; *Soga* 1961, 158; Informanten L, W, Z, AA.

5 »uvulitasi« leitet sich von »itasi« ab, was »Sack, Tasche« bedeutet und ein Lehnwort aus dem Afrikaans ist. Demnach ist auch »uvulitasi« erst eine rezente Wortbildung; der traditionelle Begriff ist »umkhonto« (Speer). Kleinere Geschenke bestanden in alten Zeiten häufig aus einem Assegai.

6 Zur Ausbildung der amagqira Informanten L, W, Z, AA; vgl. auch *Hunter* 1961, 321 ff; *Soga* 1931, 163 ff; *Hammond-Tooke* 1962, 249; *Kropf* 1889, 196 ff; Information IV.

7 *Hammond-Tooke* 1962, 266.

setzung einer Medizin[8]. In diesem Fall hat also eine Kenntnis selbst materiellen Wert, ist nicht nur durch Gebrauch ökonomisch auswertbar.

Schüler des ixwele ist regelmäßig einer seiner Söhne, so daß auch von einem Vererben seiner Kenntnisse gesprochen wird[9]. Dem muß aber nicht so sein; zeigt kein eigener Sohn Begabung oder Interesse für den Beruf, mag der Lehrmeister (inkunzi = Bulle) sich einen anderen Schüler suchen.

Über die Vorrechte des Häuptlings wurde bereits an anderer Stelle gesprochen. Die meisten von ihnen haben eine staatsrechtliche Funktion, nur gelegentlich tritt ihre privatrechtlich-dingliche Wirkung in den Vordergrund. Das ist etwa der Fall bei dem Anspruch auf bestimmte Teile bestimmter Tiere. In diesem Zusammenhang sei noch der Preis-Name (isibuliso) des Häuptlings abgehandelt. Jeder Häuptling erhält entweder bereits bei der Beschneidung oder bei seiner Amtseinführung einen besonderen Namen (Chief Mhlambiso beispielsweise den Namen »Ngubezulu«, »Himmelsdecke«), der nur ihm allein zusteht, mit dem niemand anderer angeredet werden darf. Jeder, der zum »Großen Platz« des Häuptlings kommt, spricht diesen Namen aus[10], gleichgültig, ob der Häuptling anwesend ist oder nicht. Damit grüßt er den Häuptling und dessen Ahnen. Mißbrauch dieses Namens wird meist bereits durch andere Anwesende gerügt und auch mit Gewalt unterbunden, da ein solches Verhalten »den Ort verärgert«. Der Häuptling steht auch nicht an, eine solche Beleidigung zu bestrafen. Gegenstand des Schutzes ist hier aber wohl primär die Ehre des Häuptlings, nicht etwa ein dingliches Recht an diesem Namen[11].

Es läßt sich also festhalten, daß Eigentum an Geistesschöpfungen, Kenntnissen und Vorrechten bei den Kap-Nguni nur in sehr beschränktem Umfang bekannt ist.

VI. Eigentum an Geistern

»Zwei Kaffern kamen einst nach Manzimtoti ... Sie hatten Tikolotshe feil zum Verkaufen ...«[1]

Geister sind bei den Nguni häufig Gegenstand geschäftlicher Transaktionen. Sie können von Zauberern erworben werden und dienen der Ausübung schwarzer Magie, wie bereits in der Einleitung angedeutet. — Einige Geister treten in menschlicher Gestalt auf, zeichnen sich dann aber meist durch be-

8 *Hunter* 1961, 67, 295; *Hammond-Tooke* 1962, 266.
9 *Hammond-Tooke* 1962, 266.
10 *Hunter* 1961, 396; *Hammond-Tooke* 1962, 75, 205; *McLaren* 1963, 17 »bula«; *Kropf-Godfrey* 1915, 47 »bulisa«.
11 Informant I; ähnlich aber auch Informanten B, C, E, H, G und N; Information III.
1 *Schweiger* 1917—1918, 550; falsch: *Holden*, 1866, 298; zu diesem Kapitel Informanten N, O bis V und Information II.

stimmte körperliche Anomalien (nur eine Gesäßbacke beim tikoloshe, überlanger Penis beim männlichen tikoloshe, Schwanz bei der umamlambo) aus[2]. Andere könnte man als eine besondere Art von Haustieren bezeichnen, denn meist ist ihr eigentliches Wesen tierischer Natur. Bei Hunden und Affen scheinen sich die »Geister« äußerlich in nichts von ihren wilden Artgenossen zu unterscheiden. — Typisch für einige dieser Geister ist, daß sie ihre Gestalt wechseln können[3], die tikoloshe verstehen es sogar, sich mit Hilfe einer bestimmten Medizin unsichtbar zu machen, so daß nur ihre Besitzer und Kinder in der Lage sind, sie zu sehen[4].

Alle Geister dienen in erster Linie der Vernichtung fremden Lebens, fremder Gesundheit und fremden Eigentums[5]. Sie handeln auf Anweisung ihrer Besitzer, denen sie daneben aber auch Schönheit (so die ichanti)[6] und Reichtum (so die amamamlambo)[7] bringen können. Von den relativ harmlosen[8] tikoloshe wird gesagt, sie verspürten gelegentlich Mitleid mit ihren Opfern und weigerten sich dann, gegen diese etwas zu unternehmen[9]. Starker Abwehrzauber und andersartige Verärgerung des Geistes können auch bewirken, daß er ungehalten wird und sich gegen seinen Besitzer wendet[10].

Nicht selten besitzt eine Person mehrere Geister, die sich gegenseitig nichts tun[11]. Es kommt aber auch vor, daß mehrere Personen, etwa Mutter und Tochter, zusammen einen Geist besitzen[12]. Die meisten Geister sind sexuell differenziert, und es gilt die Regel, daß männliche Geister von Frauen und weibliche Geister von Männern besessen werden. Mit dem Besitz eines Geistes ist regelmäßig auch der geschlechtliche Umgang mit diesem verbunden[13]. Von den tikoloshe gibt es sowohl männliche als auch weibliche, beide haben zusammen sogar Kinder[14]. Männliche tikoloshe kommen jedoch weit häufiger vor als weibliche, und von manchen Informanten wird sogar bestritten, daß

2 *Schweiger* 1917—1918, 554, 555; *Hunter* 1961, 276; *Hammond-Tooke* 1962, 280; *Cook* 1931, 134, 138; *Cook* 1934, 8; *Hoernlé* 1959, 224; *Bruwer* 1963, 124.

3 *Hunter* 1961, 286; *Cook* 1931, 138.

4 *Hunter* 1961, 276; nach *Laubscher* 1951, 10 nur Kinder; *Kidd* 1906, 136.

5 *Hunter* 1961, 275; *Hammond-Tooke* 1962, 278, 279; *Cook* 1931, 134, 138; *Laubscher* 1951, 13 ff; *Hoernlé* 1959, 244; *Kidd* 1906, 138; *Soga* 1931, 186.

6 *Hammond-Tooke* 1962, 287.

7 *Hammond-Tooke* 1962, 285.

8 *Hunter* 1961, 276.

9 *Hunter* 1961, 277, 280.

10 *Hunter* 1961, 282; *Hammond-Tooke* 1962, 285.

11 *Hunter* 1961, 277, 288; *Hammond-Tooke* 1962, 283.

12 *Schweiger* 1917—1918, 549 erwähnt den sonst nirgends belegten Fall, daß ein Mann und seine Frau gemeinsam einen tikoloshe besaßen; das wäre wegen der üblichen sexuellen Beziehungen zwischen tikoloshe und Eigentümer ein Ausnahmefall, wenn es nicht sogar ein Irrtum ist.

13 *Hunter* 1961, 277, 282, 287; *Hammond-Tooke* 1962, 278, 281, 282; für die inyoka yabafazi vgl. *Laubscher* 1951, 21.

14 *Hammond-Tooke* 1962, 282, 280; *Hunter* 1961, 276, 279; *Laubscher* 1951, 8, 9.

eine weibliche Form existiere[15], es handele sich dabei nicht um tikoloshe, sondern um umamlambo.

Der Erwerb der Geister ist auf folgende verschiedene Arten denkbar. Man kann sie von einem Zauberer kaufen, man kann sie sich zähmen, oder man kann sie sich übertragen lassen. Daneben gibt es aber noch die Möglichkeit, daß die Geister von einem Dritten zu einer anderen Person geschickt werden, oder daß sie von sich aus sich einer Person zugesellen.

Der Erwerb vom Zauberer ist entgeltlich[16], die Preise sind recht hoch. Nicht jeder Zauberer kann einen Geist besorgen, die Spezialisten sind aber hinlänglich bekannt. Die Übergabe erfolgt in Form einer Medizin, meist einer Wurzel, die sich dann, mit Blut im heimatlichen Kral genährt, in den betreffenden Geist verwandelt[17]. Es kommt vor, daß ein Hilfesuchender sich an einen Zauberer mit einem Anliegen wendet, und der Zauberer händigt ihm eine Medizin aus, die sich dann erst bei näherem Befassen mit ihr als Geist herausstellt[18]. Der Erwerb ist dann aber vollzogen; der Besitzer muß versuchen, den Geist mit Hilfe eines anderen Zauberers wieder zu vertreiben.

Das Zähmen trifft insbesondere auf Affen und tikoloshe zu. Natürlich wird niemand öffentlich einen Affen fangen, um ihn als »Geist« zu halten, da das sofort seine bösen Absichten beweisen würde. Vielmehr wird der Affe an einer Stelle verborgen gehalten, oft in einer Vorratshütte, wo ihn niemand entdeckt[19]. Tikoloshe werden gezähmt durch Stutzen ihres Körperhaars[20]. Sie bleiben dann bei ihrem Fänger. Den impundulu dagegen braucht man nur zu rufen, damit er sich zur Verfügung stellt[21]. Allerdings sind bei allen diesen Akquisitionen der Gebrauch bestimmter Medizinen und das Vollziehen bestimmter Riten unerläßlich, ohne die die genannten Geister nicht erworben werden[22].

Dem Zähmen oder Fangen von Geistern entspricht, daß sie sich auch einer Person ihrer Wahl ohne oder sogar gegen deren Willen zugesellen. So kann sich der impundulu beispielsweise in ein Taschentuch verwandeln; findet nun jemand das Taschentuch, hebt es auf und behält es, stellt sich plötzlich heraus, daß es ein impundulu ist[23]. Oder ein tikoloshe erscheint bei einer Frau, deren Mann abwesend ist, und erzwingt den Geschlechtsverkehr[24]; nur in den seltensten Fällen gelingt es, sich gegen einen solchen Geist zu wehren.

15 *Hunter* 1961, 277; Information II.
16 *Schweiger* 1917—1918, 550.
17 *Schweiger* 1917—1918, 553; *Hunter* 1961, 283, 284.
18 *Schweiger* 1917—1918, 554.
19 *Hunter* 1961, 287; so auch tikoloshe, vgl. *Hammond-Tooke* 1962, 281; *Soga* 1931, 196.
20 *Hunter* 1961, 277, 276; ähnlich *Cook* 1931, 138.
21 *Schweiger* 1917—1918, 555.
22 Informant N.
23 *Hammond-Tooke* 1962, 283.
24 *Hunter* 1961, 277, 278; *Laubscher* 1951, 10.

Schließlich kann ein Geist auch von einem Besitzer auf einen anderen übertragen werden. Das ist etwa der Fall bei männlichen tikoloshe, die eine Mutter an ihre Tochter »vererbt«, und beim impundulu[25]. Der Affe kann vom Vater an den Sohn weitergegeben werden[26]. Meist spielen sich solche Übertragungsakte innerhalb der Familie ab, das ist aber nicht notwendig; die Übertragung von einer Frau auf eine Fremde ist ebenso möglich, wie die von einem Mann auf einen anderen. Dabei kommt es vor, daß eine Zeitlang beide Personen den Geist für ihre schwarze Magie benutzen, auch daß etwa beide Frauen mit dem gleichen Geist geschlechtlichen Verkehr haben. Entgelt wird bei solchen Übertragungen, bei denen kein Zauberer mitwirkt, nicht geleistet. Beachtlich ist, daß die Pondo sagen, die Frau überträgt ihren impundulu der Tochter, die sie am meisten liebt[27]. Wehren kann sich der Empfänger gegen die Übertragung kaum. Der Geist droht dann, ihn zu töten, was den Empfänger meist willfährig macht[28]. Wünscht der impundulu, daß seine Eigentümerin ihn etwa ihrer Tochter überträgt, so kann sich auch die Mutter nicht dagegen auflehnen; ihr würde der Tod drohen[29].

Wie bei der Übertragung immer Magie geübt werden muß, so ist Magie auch erforderlich, wenn man sich des Geistes wieder entledigen möchte. Man kann ihn entweder, wie bereits geschildert, einer anderen Person übertragen, und zwar auch gegen deren Willen[30]. Mit Hilfe eines Zauberers kann man ihn aber auch einfach vertreiben, wobei dann nicht feststeht, wo der Geist verbleibt[31]. Eine dritte Möglichkeit ist, den Geist zu töten.

Töten kann man nur bestimmte Geister. Tikoloshe beispielsweise kann man vergiften oder erschlagen, wie gewöhnliche Lebewesen[32]. Das ist sehr lukrativ, denn für tikoloshe-Fett und -Fell werden hohe Preise gezahlt, weil sie für die verschiedenste Magie, besonders Liebeszauber und Vertreiben anderer tikoloshe, als sehr wirksam geschätzt werden. Die Frauenschlange dagegen, inyoka yabafazi, kehrt zu ihrer Besitzerin zurück, wenn man versucht, sie einfach totzuschlagen. Vielmehr muß man sie in Stücke hauen und diese verbrennen, um sie endgültig zu verbannen[33]. — Nach Häuptling Mabandla[34] gibt es noch ein relativ einfaches Mittel, einen weiblichen tikoloshe zu vertreiben. Der betroffene Mann muß zu einer Frau gehen, die einen -männlichen- tiko-

25 »Vererben« ist hier nicht im technischen Sinne gemeint; dieser Ausdruck findet sich aber allenthalben in der Literatur: vgl. *Hunter* 1961, 275—277, 282.
26 *Hunter* 1961, 287, 288.
27 *Hunter* 1961, 282.
28 *Hunter* 1961, 277.
29 *Hunter* 1961, 282; *Hammond-Tooke* 1962, 282.
30 *Schweiger* 1917—1918, 554.
31 *Schweiger* 1917—1918, 554, 555.
32 *Hunter* 1961, 281, 282; *Soga* 1931, 186, 187, 191.
33 *Hunter* 1961, 225.
34 Informant N.

loshe besitzt, und sie bitten, ihm zu helfen. Tut sie das, treibt der männliche tikoloshe den weiblichen fort, »because males are naturally stronger than females!«

Bei flüchtiger Betrachtungsweise scheint es keinem Zweifel zu unterliegen, daß die Besitzer der beschriebenen Geister deren Eigentümer sind. Zwischen Besitzer und Geist besteht ein dingliches Herrschaftsverhältnis, das alle Rechtsbeziehungen Dritter ausschließt. Diese Betrachtungsweise ist auch dann richtig, wenn die Existenz der genannten Wesen mit den Methoden der abendländischen Naturwissenschaften nicht bewiesen werden kann. Für die in der hier behandelten Kultur lebenden Menschen sind die Geister Realitäten, und nur daran kann und darf sich eine Interpretation orientieren.

Der Annahme eines Eigentumsverhältnisses steht auch nicht entgegen, daß bei jeder Übertragung des Rechtes ein magisches Ritual vollzogen werden muß. Das Ritual umschreibt nur die Form der Übertragung, ist Voraussetzung für die Wirksamkeit des Rechtsgeschäftes, hat aber materiellrechtlich keine Bedeutung.

Fraglich könnte allerdings sein, ob es sich bei den Beziehungen zwischen den Geistwesen und ihren Besitzern tatsächlich um Recht handelt. Trimborn[35] hat Recht definiert als den »Inbegriff der gesellschaftlichen Regeln, welche 1. im Bewußtsein der Mitglieder eines sozialen Verbandes mit der Vorstellung der Notwendigkeit ausgestattet sind, a) sei es, daß diese sich unmittelbar auf das geforderte Verhalten als Voraussetzung zur Aufrechterhaltung des Gemeinschaftslebens, b) sei es, daß sie sich mittelbar auf die Wahrung der gesetzten Norm als solche bezieht (Ordnungsgedanke), und bei denen 2. der Ausfall dieser psychischen Motivation regelmäßig durch die (auch latente) Androhung bzw. allenfalls Verwirklichung eines Zwangsaktes der öffentlichen Gewalt ersetzt zu werden pflegt, welcher auch in Form einer von der öffentlichen Gewalt in Vertretung eigener Organe gebilligten Selbsthilfe (z. B. Blutrache) vollzogen werden kann«. Nach dieser Begriffsbestimmung könnte es an der Androhung eines Zwangsaktes durch die öffentliche Gewalt bei der Verletzung von Verhaltensnormen fehlen, da schwarze Magie — und nur schwarze Magie wird vermittels der geschilderten Geister getrieben — in jedem Fall illegal ist[36]. Bei den Kap-Nguni werden beispielsweise Verträge über den Erwerb von Geistern niemals Gegenstand von Gerichtsverfahren. Grund dafür ist, daß einmal der Erwerber eines Geistes vorleistungspflichtig ist[37] und daß zum anderen der Veräußerer regelmäßig über starke Medizinen verfügt, durch deren direkte oder indirekte Anwendung die Zahlung einer Schuld erzwungen werden kann[38].

35 *Trimborn* 1928, 419.
36 *Hunter* 1961, 311.
37 Informant N.
38 *Hunter* 1961, 311.

Ungesetzlicher Gebrauch einer Sache oder alle möglichen anderen mit der Sache zusammenhängenden gesetzwidrigen Umstände schließen aber die Anwendung des Rechts nicht aus. Der Dieb einer bereits gestohlenen Sache ist dennoch ein Dieb. Der Erwerber eines Gegenstandes, dessen Besitz unzulässig ist, kann in unserer Rechtsordnung den Kaufpreis nicht deshalb zurückfordern, weil der Kaufvertrag gegen ein gesetzliches Verbot verstößt und damit nichtig ist. Entsprechend verhält es sich mit den Rechten an und auf Geister bei den Kap-Nguni. Da es sich bei dem Verhältnis zwischen Besitzer und dem Geistwesen ganz eindeutig auch um ein dingliches handelt und weil typisch rechtliche Vorstellungen, z. B. beim Erwerb, auf dieses Verhältnis Anwendung finden, erscheint es gerechtfertigt, hier den Terminus »Eigentum« anzuwenden.

Der Erwerb von Eigentum an Geistern stellt sich zum Teil als originärer, zum Teil als derivativer dar. Eindeutig derivativ ist er bei der kostenlosen Übertragung des Geistes, wie etwa im Fall der Weitergabe von der Mutter auf die Tochter. Hier wird ein bereits vorhandenes Recht einem anderen Inhaber zugewiesen, das Recht des Erwerbers leitet sich aus dem des Vorgängers ab. Anders dagegen verhält es sich beim »Rufen«, »Zähmen« oder »Zulaufen« der Geister. Das Recht an diesen Geistern kann von keinem Vorgänger abgeleitet werden. Sollten die Geister einmal einem anderen gehört haben, so sind sie jedenfalls inzwischen wieder verwildert. Das »Rufen«, »Zähmen« oder »Zulaufen« begründet ein neues Recht, das Eigentum entsteht mit Begründung des Besitzes, da die Geister zuvor herrenlos waren. Dieser Eigentumserwerb ist originär.

Bei der entgeltlichen Übertragung eines Geistes durch einen Zauberer ist die Rechtslage nicht so eindeutig. Da der Zauberer nichts als eine Medizin übergibt, aus der sich sodann nach Tränkung mit Blut der Geist voll entwickelt, könnte man schließen, daß er nicht eigentlich den Geist verkauft, sondern nur die Mittel, sich einen solchen zu verschaffen. Das würde originären Eigentumserwerb bedeuten. Näher allerdings liegt die Annahme, daß die erworbene Medizin bereits der Geist selbst ist, in der Form einer Wurzel oder eines Stückchens Leder. Dafür spricht auch die von Hammond-Tooke berichtete Geschichte[39] eines jungen Mannes, der eine Medizin gekauft hatte, die ihm angeblich alles das verschaffen würde, was er wünschte. In seinem Koffer wurde die Medizin immer schwerer, bis sich beim Öffnen herausstellte, daß sich die Medizin in eine Schlange, umamlambo, verwandelt hatte. In diesem Fall ist eindeutig, daß der Erwerber bereits den Geist erworben hatte, daß es sich um abgeleitetes Eigentum handelt. Daher ist auch die Formulierung Schweigers im eingangs angeführten Zitat korrekt, wenn er davon spricht, Eingeborene hätten »tikolotshe feil zum Verkauf« gehalten. Der Zauberer verkauft offensichtlich Geister, die er selbst besitzt.

39 *Hammond-Tooke* 1962, 285 ff.

Das »Schicken« eines Geistes ohne Zustimmung des Empfängers wirft das Problem auf, ob der Betroffene hier gegen seinen Willen Eigentum erwirbt. Das ist wohl nicht der Fall, da ein wirkliches Sich-Sträuben gegen den Eigentumserwerb den Zorn des Geistes heraufbeschwören würde. Eher beugt sich der Betroffene und sieht dann zu, sich des Geistes wieder zu entledigen.

Auffällig ist, daß von den Informanten regelmäßig die Frage verneint wurde, ob man einen Geist auch von einer Privatperson kaufen könne. Der Erwerb ist nur von Zauberern entgeltlich, in anderen Fällen grundsätzlich kostenlos. Es mag sein, daß Zauberer die einzigen Leute sind, die eine Art »Urheberrecht« geltend machen können, da sie nämlich allein in der Lage sind, die Wurzel zu liefern, aus denen der Geist sich bildet. Wichtig für eine Erklärung ist aber wohl auch die Tatsache, daß berichtet wird, wenn eine Mutter ihrer Tochter beispielsweise einen tikoloshe übertrage, so wähle sie als Empfängerin die Tochter, die sie am meisten liebt. Es ist offensichtlich begehrenswert, einen solchen Geist zu besitzen. Man wird ihn also entweder behalten oder einem Menschen schenken, den man liebt und von dem man aus diesem Grund auch kein Geld annehmen mag. Wünscht man, sich eines Geistes zu entledigen, so müssen dafür besondere Gründe vorliegen, etwa die Tatsache, daß sich der Geist gegen seinen Eigentümer gewandt hat. In diesen Fällen wäre verständlich, daß man nur den einen Wunsch hat, sich den Geist vom Hals zu schaffen. Im übrigen dürfte ein solcher Geist wegen der zutagegetretenen Gefährlichkeit auch unverkäuflich sein. Jedenfalls wäre es unmöglich, ihn offen anzubieten, weil damit offenbar würde, daß man Schadenszauber treibt. — Selbstverständlich kommt es auch nicht vor, daß eine Person etwa in Notzeiten einen Geist zu verkaufen suchte, denn gerade in solchen Zeiten erhofft man sich von ihm Hilfe, da ihm immer wieder die Fähigkeit attestiert wird, er könne einer Person alles verschaffen, was sie sich wünscht. Wie das allerdings im einzelnen vor sich geht, weiß keiner recht zu sagen.

Die unzureichende Information beruht auf der bereits erwähnten Eigenart des Rechtssystems, in dem juristische Probleme fast immer nach Präzedenzfällen entschieden werden, in den seltensten Fällen auf Grund abstrakter Regeln. Oft ist daher die Antwort auf eine Frage: »Ich habe von keinem Fall gehört, in dem das geschah.« Oder: »Von so etwas habe ich noch nie gehört.« Als typisch für dieses Denken in Beispielen kann die Art der Diskussion angesehen werden, die Hunter[40] beschreibt. Von einer Erörterung der Frage, wie ein imfene übertragen wird, berichtet sie:

»Some think, that a baboon familiar is passed on from father to son, and that a son of a man who has one must necessarily have one too, but men in a group discussing the subject objected, saying, »We know three men who had baboons, and none of their sons have them.«

40 *Hunter* 1961, 287—288.

Und Anworten auf die Frage, wie man ein Geistwesen erwirbt, waren nach Hunters Bericht:

»Well, I do not possess a familiar, so I cannot tell how they are acquired!« und »We do not know how they are acquired, we only know that people have them.«

Der Verlust des Eigentums tritt ein entweder durch Übereignung an einen Dritten oder durch Dereliktion, wenn der Geist nämlich vertrieben wird; er wird aus dem Eigentum entlassen, das dingliche Recht geht unter. Dabei ist besonders interessant, daß auch das Rechtsobjekt einen Eigentümerwechsel erzwingen kann. Das hängt mit der besonderen Art des Eigentumobjektes als einem vernunftbegabten, mit besonderen Fähigkeiten ausgestatteten Wesen zusammen.

Nicht so einfach ist die Rechtslage beim Töten eines Geistes. Eigentlich müßte sich auch hier der Grundsatz, der bereits bei der Erörterung des Eigentums an Vieh aufgezeigt wurde, daß sich nämlich das Eigentum an einem lebenden Wesen auch nach seinem Tode an dessen Leichnam fortsetzt, belegen lassen. Tötet also etwa der Eigentümer seinen eigenen tikoloshe, was selten genug der Fall sein wird, dann ist er auch berechtigt, dessen Fett und Fell zu verwerten. Töten, und das ist die Regel, Fremde den tikoloshe, so kann der Eigentümer den Leichnam nicht öffentlich für sich in Anspruch nehmen, ohne Gefahr zu laufen, als Zauberer der schwarzen Magie beschuldigt zu werden. Die Konsequenzen eines solchen Vorwurfs wurden eingangs dargetan. Es steht denen, die den Geist erlegt haben, also nichts im Wege, ihre Beute ökonomisch auszuwerten. Für die Verteilung des Erlöses sind Grundsätze nicht bekannt.

C. Erwerb von Eigentum

Der Eigentumserwerb bei den Kap-Nguni kann sowohl originär als auch derivativ sein. Bei originärer Akquisition ist der Erwerbstitel regelmäßig investierte Arbeit; aber auch Eigentum an der Muttersache überträgt sich auf die Früchte. Durch Besitz allein wird kein Eigentum erworben. Der derivative Erwerb beruht meist auf gegenseitigen Verträgen, die schuldrechtliche Natur haben können, die sich häufig aber auch aus dem Familienrecht ergeben. Dazu kommen noch der Erwerb aufgrund von Fürsorgepflichten Dritter und im Rahmen des Erbrechts.

Der originäre Erwerb bei Vieh beschränkt sich auf dessen Nachwuchs. Die Frucht teilt das rechtliche Schicksal der Muttersache. Der ukunqoma-Brauch beweist, daß diese Rechtsfolge auch durch Besitz und Arbeitsinvestition eines Dritten keiner Abänderung unterliegt. Eigentum an gesammelten Naturprodukten dagegen resultiert ausschließlich aus der aufgewendeten Arbeit. Das gleiche trifft für angebaute Früchte zu. Wie bereits dargestellt, ist der Erwerbstitel auch hier die Arbeit derjenigen, die den Boden bearbeitet haben, nicht aber der Besitz oder etwa ein Eigentum am Boden. Das beweist die Tatsache, daß ein Zwischenokkupant die von ihm bestellten Felder noch abernten darf, wenn sein Vorgänger die Herausgabe des Bodens verlangt. Die amalima arbeiten nach dem Prinzip der Arbeitskumulation, wobei jeweils dem Begünstigten die gesamte Arbeit als eigene zugerechnet wird. Bei der Verteilung von zubereiteten Nahrungsmitteln, sowohl von Fleisch als auch von pflanzlichen Speisen, tritt ein Problem der Eigentumsübertragung nicht auf, da alle Speisen in der Regel sofort genossen werden. Eine wirkliche Eigentumsübertragung findet weder auf Gäste noch auf Familienmitglieder statt, weil diese bei der Mahlzeit keine wirkliche Verfügungsgewalt über ihren Anteil, der nicht exakt abgegrenzt wird, erhalten. Bei Gebrauchsgegenständen resultiert der originäre Eigentumserwerb aus der aufgewandten körperlichen und geistigen Arbeit, bei Kenntnissen ist es der geistige Aufwand, bei Geistern die Mühe des Zähmens, die den Anknüpfungspunkt für den originären Eigentumserwerb bilden. Bei Geistern kommt hinzu, daß im Fall der »natürlichen« Vermehrung die Frucht das Schicksal der Muttersache teilt, wie es auch bei Vieh der Fall ist. Ausnahmen bilden das »Zulaufen« von Geistern und der Erwerb von Gebrauchsgegenständen, die aus gestohlenen Materialien hergestellt worden sind. Diese Regelwidrigkeiten lassen sich aus den Umständen erklären und können daher hier vernachlässigt werden.

Bei den Kap-Nguni läßt sich also der Beweis erbringen, daß die Begründung von Eigentum in vielen Fällen durch die Investition von Arbeit in die allen zur freien Verfügung stehenden Naturschätze erreicht wird[1]. Nur bei immateriellen Gütern reicht der Aufwand von Arbeit allein. Besitz dagegen ist kein wichtiges Kriterium für den Eigentumserwerb. Nippold[2] spricht in diesem Zusammenhang etwas mißverständlich von der Okkupation, meint aber sicherlich das In-Besitz-Nehmen von Früchten, wilden Gemüsen etc.; das würde dann unter den weiteren Begriff des Arbeitsaufwandes fallen und wäre nicht zu beanstanden. Bei Tieren und anderen Lebewesen dagegen ist nicht die Arbeit der eigentumsbegründende Faktor, sondern die Tatsache, daß die Muttersache bereits im Eigentum gestanden hat. Eine Ausnahme macht da nur das Einfangen wilder Lebewesen. Bemerkenswert ist im übrigen die Tatsache, daß ein von mehreren Personen bearbeiteter Gegenstand immer dem Erstinvestierenden gehört. Durch Arbeitsleistung gewonnene Naturschätze beispielsweise werden durch Verarbeitung niemals Eigentum eines Dritten.

Auch derivativer Eigentumserwerb ist an allen Gütern bei den Kap-Stämmen möglich. Am weitesten eingeschränkt ist er bei schon benutzten Gebrauchsgegenständen, wo er nur in Sonderfällen in Betracht kommt. Neuwertige Gebrauchsgegenstände und Vieh dagegen sind nahezu universell übertragbar: sie dienen als Leistungen im Rahmen von Verträgen familienrechtlichen Inhalts, insbesondere als ikhazi und isondlo[3], als Leistungen im Rahmen von Fürsorgepflichten, und sie werden vererbt. Gesammelte und angebaute Früchte sowie Fleisch können als Entgelt dienen, werden auch im Rahmen von Fürsorgepflichten übertragen und sind insofern vererblich, als sie beim Tod einer Person von den übrigen Familienmitgliedern mitverzehrt werden. Besondere Kenntnisse und Geister werden durch schuldrechtliche Verträge veräußert; werden sie von Eltern auf Kinder oder sonst innerhalb der Familie übertragen, kann dem sowohl eine Schenkung als auch die Erfüllung einer Fürsorgepflicht zugrunde liegen.

Die übliche Form der Eigentumsübertragung ist Einigung und Übergabe vor Zeugen. Zulässig ist aber auch Einigung und bloße Besitzeinweisung. Als möglich, aber unüblich bezeichneten Informanten[4] die einfache Abtretung des Herausgabeanspruchs. In allen Fällen ist die Anwesenheit von Zeugen von großer Bedeutung. Wird ein Rechtsgeschäft behauptet, können aber keine Zeugen benannt werden, so besteht die Vermutung, daß überhaupt keine Vereinbarung getroffen worden ist. Beweisfragen erhalten damit nahezu materiellrechtlichen Charakter.

1 Vgl. *Goodfellow* 1954, 68 ff; *Nippold* 1954, 89 ff.

2 *Nippold* 1954, 91.

3 Bei isondlo erscheint es nicht ganz geklärt, ob es sich um einen Vertrag handelt oder um ein gesetzliches Schuldverhältnis.

4 Informanten B, C, D, I.

Beschränkte dingliche Rechte sind nicht unbekannt. Wichtigstes Beispiel ist die Verpfändung eines künftigen ikhazi. Die Abgrenzung dinglicher von obligatorischen Ansprüchen ist allerdings bei den Kap-Nguni nicht einfach, da sie selbst diesen Unterschied nicht machen, er sich nur gelegentlich aus bestimmten Rechtsfolgen zu ergeben scheint.

Herrenlose Sachen mag sich jedermann aneignen. Der Fund verpflichtet zur Rückgabe ohne Anrecht auf Finderlohn. Ersitzung ist kein Rechtsinstitut der Kap-Nguni, wie ihnen auch die Verjährung unbekannt ist.

Wichtigster das Eigentum betreffender Vertrag ist ukulobola, daneben spielen aber auch Schenkung, Leihe, Tausch und andere kulturtypische Verträge besonderen Inhalts eine Rolle. Alle diese Vertragsgattungen sind wenig ausgebildet, da wirtschaftlicher Verkehr in der traditionellen Gesellschaft nur geringe Bedeutung hat.

Nach Kropf-Godfrey[5] tragen nahezu alle persönlichen Gebrauchsgegenstände und das Vieh Eigentumsmarken. Für die Gebrauchsgegenstände haben das die befragten Informanten nicht bestätigt[6]; man kennt zwar bestimmte Besonderheiten seines Eigentums, bringt aber eigentlich nur an Holzschnitzereien Merkzeichen an. Bei Vieh dagegen spielen die Ohrmarken eine wesentliche Rolle. Sowohl Rindern als auch Ziegen werden die Ohren in besonderer Weise geschlitzt (ukuphawula), um ihre dingliche Zugehörigkeit zu verdeutlichen. Die Zeichen sind nicht nur verschieden für die imizi, sondern auch innerhalb des Krals werden häufig die Tiere, die einem besonderen Haus oder einem besonderen Sohn zugeordnet sind, mit dessen spezieller Marke versehen. Der Sohn behält dann die Ohrmarke bei, die sein Vater für ihn bestimmt hat, auch wenn er einen eigenen umzi gründet. Der älteste Sohn des Großen Hauses übernimmt die Ohrmarke des Viehs seines Vaters bei Antritt der Erbschaft.

Über den gerichtlichen Schutz des Gebrauchs einer Ohrmarke divergierten die Ansichten in verschiedenen Distrikten. Einen klaren Unterlassungsanspruch des Inhabers einer bestimmten Ohrmarke gegen einen Dritten, der dazu übergeht, dieselbe Marke für sein Vieh zu benutzen, scheint es nicht zu geben. Wohnt der Dritte weitentfernt, schert sich der ursprüngliche Inhaber nicht darum. Handelt es sich aber um einen Nachbarn, so besteht die Gefahr, daß die klare Unterscheidungsmöglichkeit, die die Markierung bezweckt, leidet. Nur in einem Fall erklärte sich ein Häuptling bereit, bei einer solchen zu befürchtenden Verwirrung dem Dritten den Gebrauch der Ohrmarke zu untersagen, andere Häuptlinge waren der Ansicht, es handle sich hier um keine Rechtsverletzung.

5 *Kropf-Godfrey* 1915, 326 »pau«; vgl. auch *Soga* 1931, 61; *Hunter* 1961, 117; *McLaren* 1963, 125 »phawu«; *Warner* 1961, 133 Nr. 1540; *Seymour* 1960, 51—52, 95—96, 220.

6 Informanten O bis T, V, Y.

D. Erbrecht

Der Terminus »Erbrecht« ist für die Rechtsordnung der Süd-Nguni mißverständlich und sollte besser durch den Begriff »Nachfolgerecht« ersetzt werden. Zwar übernimmt der »Erbe« eines umnini'mzi auch Teile dessen Vermögens, seine Position ist aber nicht nur vermögensrechtlich bedeutsam, sondern vor allem auch personenrechtlich, religiös und magisch, bei Häuptlingen dazu politisch. Auf den Erben geht immer die gesamte Stellung des Erblassers mit Hinsicht auf eine oder mehrere Familien über.

Beim reinen Vermögensübergang spielt das Vieh auch hier wieder die überragende Rolle: sämtliche Regeln des Erbrechtes stellen eigentlich nur auf den Rinderbesitz eines Krals ab. Das Erbrecht bezüglich der in ihrer Bedeutung sehr gering zu bewertenden unbenutzten Gebrauchsgegenstände lehnt sich an diese Grundsätze an. Vorräte an Früchten dagegen vererben sich beim Tode eines Familienmitgliedes in der Weise, daß dessen Anteil den überlebenden zuwächst. Besondere Kenntnisse, Geister und gebrauchtes Handwerkszeug, Waffen und Kleidung sind ihrer spezifischen Eigenschaften wegen überhaupt nicht vererbbar. Grund und Boden als freies Gut scheiden aus dem Kreis der echt vererblichen Gegenstände von vornherein aus. Das Nachfolgerecht[1], das vermögensrechtlich hauptsächlich Bedeutung für Vieh hat, sei im folgenden noch einmal kurz zusammengefaßt:

Drei Grundsätze beherrschen das Nachfolgerecht, nämlich die Primogenitur, die Universalnachfolge und die ausschließliche Erbfähigkeit des Mannes.

Primogenitur bedeutet, daß jeweils der älteste Sohn eines jeden Hauses beim Tode seines Vaters in alle dessen Rechte bezüglich dieses Hauses eintritt. Er schließt damit alle seine jüngeren Brüder von der Nachfolge aus. Ihnen steht nur das zu, was ihnen persönlich zugeordnet worden ist. Beim Tode des Erstgeborenen ohne Nachkommen tritt jeweils der nun älteste an dessen Stelle. Ist ein iqadi-Haus ohne Erben, fällt der Nachlaß an den Erben im Haus der Seniorin. Für den umgekehrten Fall richtet sich die Erbberechtigung nach dem Rang der Juniorinnen. Hat eine ganze Sektion keinen Erben, so fällt der Nachlaß an den Erben der anderen Sektion. Sind mehr als zwei Sektionen vorhanden, steht das Haus zur Linken Hand dem Großen Haus näher als das Haus zur Rechten Hand. Die Sonderstellung des ixhiba-Hauses bewirkt, daß

1 Die Darstellung hier beschränkt sich auf das Wesentliche, da umfassende Darstellungen über dieses Gebiet vorhanden sind. Vgl. z. B. *Kerr* 1961, insbes. 12 ff; *Seymour* 1960, 176 ff; *Whitfield* 1948, 314 ff.

es keinen Vorrang vor anderen Sektionen hat; im Fall der Erbenlosigkeit geht das ixhiba-Eigentum an den Erben des Großen Hauses. Wichtig ist die Möglichkeit, einen beliebigen Sohn einem erbenlosen Haus zuzuordnen. Die Zuordnung ist so lange endgültig, als von der Frau des betroffenen Hauses kein Erbe geboren wird, hinter den sonst der Eingesetzte zurücktritt. Ausgeschlossen ist, daß der eingesetzte Erbe mehrere Häuser beerbt, solange er noch einen jüngeren Bruder hat.

Das Prinzip der Universalsukzession bedeutet, daß der Erbe voll und ganz in die Stellung des Erblassers eintritt. Er übernimmt sowohl die Aktiva wie auch die Schulden des Verstorbenen. Eine Beschränkung der Haftung auf den Nachlaß ist nicht möglich. Dies ist eine Folge des Prinzips, daß Ansprüche grundsätzlich nicht untergehen (welches sich auch darin manifestiert, daß den Kap-Nguni Verjährung und Ersitzung unbekannt sind). Die Universalnachfolge findet ihren wesentlichen Ausdruck zwar in der Übertragung von Eigentum, beschränkt sich aber nicht darauf. Nicht nur die rechtliche Position des Erblassers geht auf seine Haupterben über, sondern auch seine soziale und seine religiöse.

Die ausschließliche Erbfähigkeit des Mannes bewirkt, daß Frauen von der Erbfolge generell ausgeschlossen sind. Sie sind nicht in der Lage zu erben, die Erbfolge kann aber auch nicht durch sie vermittelt werden. Das heißt, die Erbschaft folgt ausschließlich der männlichen Linie. »Property rights in Native Law devolve only on males through males«[2]. Hat ein Erblasser überhaupt keine legitimen männlichen Nachkommen, sind nach dem ukungena-Brauch auch keine zu erwarten und hat er auch keinen Sohn adoptiert, so fällt sein Nachlaß an den Häuptling, der gleichzeitig die weiblichen Hinterbliebenen in seine Obhut nimmt[3].

Die Frau kann aber sehr wohl Erblasserin sein. Für diese Fälle gelten die genannten Regeln nur zum Teil. So ist Erbe nicht der älteste, sondern der jüngste, in manchen Gegenden auch der zweite Sohn der Frau. Stirbt der eigentliche Erbe vorzeitig, so tritt der älteste Bruder an seine Stelle, nicht etwa derjenige, der dann seinen Rang einnimmt[4]. Oft spricht man auch davon, daß eine Tochter einen Geist von ihrer Mutter erbt. In diesem Fall ist der Terminus »erben« aber nicht im strengen Sinn gebraucht, da die Übertragung bereits zu Lebzeiten der Mutter stattfindet. »Erben« bedeutet hier dasselbe wie die Redewendung, eine Person habe Eigenschaften eines Elternteils »geerbt«.

Bei Vieh wirkt die Zuordnung von einzelnen Tieren zu bestimmten Hütten (Familien) und Personen als vorweggenommene Erbteilung. Die Begünstigten erwerben dadurch eine Art Anwartschaft. Im übrigen ist die Verkündung eines letzten Willens durch einen umnini'mzi bindend.

2 Matole vs. Xakekile 1940 NAC (C&O) 104.
3 *Kerr* 1961, 13. 4 *Whitfield* 1948, 341.

E. Verletzung und Schutz des Eigentums

Die Verletzung des Eigentumsrechts[1], sei es durch Diebstahl, sei es durch Sachbeschädigung, wird von den Kap-Nguni primär als ein zum Schadensersatz verpflichtender, zivilrechtlicher Tatbestand gesehen. Täter und Geschädigte können die Frage der Kompensation untereinander erörtern und sich einigen. Dem Verletzten steht aber auch ein Selbsthilferecht zu, das ihm nicht nur gestattet, seine eigene Sache wieder an sich zu bringen, wenn notwendig mit Gewalt, sondern das ihm sogar erlaubt, im Fall des Unterganges der gestohlenen Sache oder bei ihrer Beschädigung einen Gegenstand ähnlicher Art und Güte aus dem Eigentum des Täters an sich zu bringen. Auch hier gilt der Grundsatz, daß umnini'mzi für alle diejenigen haftet, die zu seinem Kral gehören. Ursprünglich wurde sogar derjenige, der einen Dieb nachts in flagranti ertappte und tötete, nicht bestraft[2].

Kann der Geschädigte nicht auf einem der beschriebenen Wege Schadlosigkeit erreichen, ist er berechtigt, die Angelegenheit vor den Häuptling zu bringen. Der Urteilsspruch lautet, ist eine gestohlene Sache noch vorhanden, auf Herausgabe an den Bestohlenen. Ist die Sache aber nicht mehr vorhanden, so bestimmt das Gericht meist eine Buße, die ein Vielfaches des Schadens ausmachen kann. Während der größere Teil davon dem Verletzten zusteht, erhält das Gericht den nicht unerheblichen Rest, der entweder als Gerichtsgebühr oder besser als Strafe anzusehen ist. Die häufig in der Literatur vertretene Meinung[3], Diebstahl bei den Kap-Nguni sei kein Straftatbestand, ist sicherlich nicht richtig. Die erhöhte Wiedergutmachungsleistung stellt sich in diesem Fall als Sühne dar. Mit ihr wird auch nicht etwa nur eine Beschädigung der gestohlenen Sache bestraft, denn die hohe Buße wird selbst dann verhängt, wenn die Sache aus anderen Gründen als wegen Beschädigung oder Untergang nicht mehr zurückgegeben werden kann. Der Diebstahl gehört daher sehr wohl ins Strafrecht, ist jedoch ein Antragsdelikt, bei dem eine Bestrafung durch Rückgabe der unbeschädigten Sache vermieden werden kann.

Die Sachbeschädigung wird im Recht der Kap-Stämme unterschiedlich behandelt, je nachdem ob sie fahrlässig oder vorsätzlich herbeigeführt worden ist. Vorsätzliche Sachbeschädigung ist in jedem Fall strafbar, wobei jedoch, wie dargestellt, kleinen Kindern, die noch »nicht die Augen geöffnet« haben, und

1 Vgl. hierzu insbesondere *Whitfield* 1948, 394 ff; *Seymour* 1960, 224 ff.
2 Comm. 1883 I, report 22.

ihrem Vormund kein Schuldvorwurf gemacht wird. Was die fahrlässige Sachbeschädigung anbetrifft, sind die Quellen widersprüchlich[4]. Es erscheint aber so, daß nur die bewußte Fahrlässigkeit, also das bewußte In-Kauf-Nehmen einer erkannten Gefahr, wenn auch in der Überzeugung, es werde nichts passieren, zu Schadensersatz und Bußleistung führt, nicht aber leichtere Abstufungen der Fahrlässigkeit.

Dem Schutz des Eigentums dienen neben der Möglichkeit, das Gericht anzurufen oder selbst Gewalt anzuwenden, auch Zaubermittel. Es ist zulässig, zum Schutz des eigenen Besitzes Magie anzuwenden. So werden nicht nur Kral und einzelne Hütten durch Vergraben, Einschlagen oder Aufhängen von Medizinen gegen Krankheit, Diebstahl und Blitzschlag geschützt. Es ist auch erlaubt, Felder oder bereits eingebrachte Ernten so zu behandeln, daß etwa dem Dieb beim Genuß gestohlener Hirse die Kiefer schwellen und die Zähne ausfallen. Obwohl das selbstverständlich eine Körperverletzung darstellt, wird der Bestohlene nicht bestraft, da der Dieb sich seine Verletzung letzten Endes selbst zuzuschreiben hat[5].

Keine Eigentumsverletzung wird darin gesehen, daß eine Frau das vorübergehend verlassene Feld einer anderen Frau bestellt. Sie darf sogar noch ihre Ernte einbringen, bevor sie den Besitz des Feldes wieder herausgeben muß. Dieser Umstand untermauert die These, daß selbst Ackerland, an dem intensivere persönliche Rechte bestehen als an irgendwelchen anderen größeren Bodenflächen, nicht im Eigentum der Besitzerin oder ihres umnini'mzi steht.

Wird ein Straftäter auf frischer Tat angetroffen, so ist der Dritte berechtigt, ihn entweder festzuhalten, bis er vor Verwandten und Zeugen identifiziert ist, oder ihm ein Beweisstück abzunehmen. Dieses intlonze dient zum Nachweis der Tat des Beschuldigten und darf so lange zurückbehalten werden, bis alle Ansprüche der Geschädigten befriedigt sind. Diese Art der Wegnahme ist rechtmäßig und wird daher nicht als Diebstahl oder Raub verfolgt[5].

Keinerlei Rechtsschutz unterliegen besondere Kenntnisse von Handwerkern, amaxwele oder amagqira. Ist jemand in der Lage, sich die gleichen Kenntnisse, auf welche Art auch immer, anzueignen, mag er ungestraft davon Gebrauch machen, wenngleich er sicherlich magische Repressalien zu fürchten hat. Eine Verletzung des Eigentums an Geistern ist wegen der besonderen Umstände nicht gerichtlich verfolgbar.

Die internationale Anerkennung des Eigentums richtet sich nach den konkreten Beziehungen, die gerade zwischen zwei Stämmen herrschen. Eine Eigentumsgarantie in Kriegszeiten gegenüber Mitgliedern des fremden Stammes gibt es jedenfalls nicht. Im Gegenteil, Kriege werden oft als Vieh-Raubzüge

3 Z. B. *Whitfield* 1948, 394—395.
4 *Seymour* 1960, 224; *Brownlee* 1906, 116; *Warner* 1906, 70.
5 Siehe *Hunter* 1961, 311.

aufgezogen, und Viehdiebstähle vom Gebiet eines anderen Stammes können in den meisten Fällen als Kriegserklärung angesehen werden[6].

Bei Veräußerungen gestohlener und abhanden gekommener Gegenstände gibt es keinen gutgläubigen Erwerb durch Dritte.

6 Comm. 1883 I, report 22; *Whitfield* 1948, 395.

F. »Eigentum« in der Sprache

Wie Schott[1] am Beispiel der Buschmänner erläutert, kann man generell bei Naturvölkern nicht erwarten, »ein so fein differenziertes System juristischer Begriffe vorzufinden, wie es unsere Rechtswissenschaft entwickelt hat«. Das Interesse in solchen Kulturen richtet sich weniger auf abstrakte Fragestellungen oder eine systematisierte Erfassung auftauchender Probleme, sondern mehr auf konkrete und natürliche Erscheinungen; diese Tatsache wurde schon weiter oben bei der allgemeinen Erörterung des Rechtsdenkens der Kap-Nguni erwähnt, da sich eine gleiche Tendenz auch in der Sprache der Kap-Stämme[2] findet. Es gibt zwar einen umfangreichen Katalog von Wörtern für die verschiedenen Färbungen von Rindern, eine konsequente Unterscheidung zwischen den Begriffen »Eigentum« und »Besitz« wird jedoch nicht gemacht, um nur ein Beispiel zu nennen. Der Nutzen linguistischer Untersuchungen bei Naturvölkern mit der Absicht, Aussagen über rechtsethnologische Tatsachen zu gewinnen, erscheint daher bezweifelbar. Dennoch soll versucht werden, den Gebrauch der wesentlichsten Begriffe zu erläutern, die im Rahmen dieser Arbeit von Interesse sind.

Es gibt eine ganze Reihe von Wortstämmen, aus denen sich Wörter für »Eigentum«, »Eigentümer«, »Eigentümer sein« etc. bilden lassen. Die gleichen Vokabeln werden aber auch im Sinne von »Besitz«, »Besitzer«, »besitzen« etc. gebraucht. Differenziert werden diese Wörter nur danach, was, wie und warum man besitzt bzw. Eigentümer ist. Häufig benutzt für den Begriff »Eigentümer« wird umnini, was aber auch »Besitzer« heißt, beides im Sinne von »Meister«, »Herr«. So ist denn umnini-ndlu »der Eigentümer einer Hütte«, umnini-mzi »das Kraloberhaupt«, umnini-mandla »der Besitzer großer Macht« d. h. nach modernem Sprachgebrauch »der Allmächtige«. Vom gleichen Wortstamm lassen sich umninikhazi, »der weibliche Eigentümer, die Herrin«, bilden, ubunini oder ubumnini für die Eigentümer- bzw. Besitzerqualität und der Ausdruck ukuba ngumnini für »besitzen« bzw. »Eigentümer sein«.

Vornehmlich auf den Besitzer angewandt wird das Wort onento, das sich wörtlich als »der-mit-der-Sache« übersetzen läßt (von o-na-into). Das ähnlich abgeleitete Verb ukuba nento (»sein mit der Sache«) findet jedoch gleichermaßen Gebrauch für »besitzen« und »Eigentümer sein«.

Ein nur auf Mobilien angewandter Begriff ist impahla. Er bezeichnet Habseligkeiten aller Art, besonders persönliche. Impahla yenkosi beispielsweise ist »die Kriegsausrüstung«, die der einzelne Mann aus den Arsenalen des Häupt-

1 *Schott* 1959, 187—189.

2 Alles in diesem Kapitel verwendete Material stammt vom Informanten A, dessen Mitteilungen freundlicherweise durch Mr. *H. W. Pahl,* Herausgeber des geplanten Xhosa-English Dictionary, Fort Hare, überprüft worden sind. Ergänzungen stammen aus *Kropf-Godfrey,* 1915; *McLaren* 1963; *Vogel; Mncube;* und von Informant Y.

lings empfängt. Will man den eigentlichen Besitz unter Betonung eines nahen Verhältnisses zwischen Eigentümer und Sache betonen, verwendet man den Begriff impahla enomniniyo, »bewegliche Sachen mit ihrem Eigentümer (Besitzer)«. Soll zum Ausdruck gebracht werden, daß es sich um Vieh handelt, gebraucht man impahla ehambayo (»die Habe, die läuft«) bzw. für Ziegen impahla emfutshane (»die kurze, kleine Habe«).

Das Wort imfuyo findet Anwendung hauptsächlich auf Eigentum und Besitz an Vieh jeder Art und Ländereien. Das vom gleichen Stamm gebildete Verb bedeutet gleichermaßen »besitzen« und »Eigentümer sein«, aber auch »Vieh züchten« (ukufuya). Soll sich das Verb speziell auf Land beziehen, fügt man das entsprechende Wort hinzu: ukufuya lomhlaba; denn die Anwendung im Zusammenhang mit Vieh ist die häufigere. So ist auch umfuyi ein »Rinderfarmer«, ifuya »der (durch Rinderzucht) reich gewordene Besitzer«, und ukufuyisa heißt »reich machen«.

Ein weiterer Begriff für Eigentum, Besitz ist ilifa, der sich vom Verb ukufa, »sterben«, ableitet. ilifa ist »das Erbe, der Nachlaß, das Vermächtnis«, aber auch ganz allgemein »die Einkommensquelle«. Von ukuzuza, »bekommen, erwerben«, leitet sich inzuzo ab, ein Wort für Eigentum und Besitz, das insbesondere »Profit, Verdienst, Lohn« bedeutet.

Auch beim Gebrauch der Possesivartikel kommt eine klare Unterscheidung zwischen Besitz und Eigentum im isiXhosa nicht zum Ausdruck. »Dies ist mein Stock« wird üblicherweise durch yintonga yam (»die ist Stock mein«) ausgedrückt. Will man die Zuordnung des Stockes stärker ausdrücken, zieht man das Wort yam (»mein«) vor das Bezugswort: le yeyam intonga. Das würde etwa heißen »das ist mein eigener Stock«. Damit ist aber nicht unbedingt ein sachenrechtlicher Tatbestand kundgetan, daß ich nämlich Eigentümer des Stokkes bin, sondern eher eine besondere enge soziale Beziehung, die unter Umständen darin bestehen kann, daß ich den Stock selbst angefertigt habe. Ähnlich enthält auch die Ausdrucksweise le ntonga ithi mna (»dieser Stock er bedeutet mich«) nicht die Mitteilung eines juristischen Tatbestandes, sondern verdeutlicht nur das hohe Maß der Identifikation des Stockes mit der eigenen Person. Regelmäßig wird bei einer solchen Formulierung zwar die sprechende Person tatsächlich der Eigentümer sein, das ist aber nicht notwendig so.

Es wäre nun verfehlt, aus diesen Ausführungen schließen zu wollen, die Kap-Nguni machten keinen Unterschied zwischen Eigentum und Besitz. Sie kennen diesen Unterschied[3]. Er kommt aber nicht in rechtlich klar definierten Begriffen zum Ausdruck, sondern ergibt sich aus den Umständen, muß also umschrieben werden. Im übrigen sind an die Qualifikationen »Besitz« und »Eigentum« in der Kultur der Kap-Stämme nicht in gleicher Weise Rechtsfolgen geknüpft wie in der Kultur europäischer Völker. Rechtsfolgen knüpfen

3 Das betont Informant A.

sich z. B. an die Tatsache, daß jemand umnini'mzi ist; wer das ist, steht in jedem Kral fest. Die Frage, ob der umnini'mzi Eigentümer der von ihm herausverlangten Tiere ist, um ein Beispiel zu nennen, ist von geringer Bedeutung. So kommt es denn auch, daß im isiXhosa zur Festlegung der Begriffe, die in etwa unserem »Eigentum« oder »Besitz« entsprechen, ganz andere Aspekte im Vordergrund stehen als in europäischen Sprachen, oft gar keine juristischen. Das ist auch nicht besonders verwunderlich, denn sogar beispielsweise im Deutschen, wo Legaldefinitionen von »Besitz« und »Eigentum« existieren, werden in der Umgangssprache beide Begriffe synonym verwendet. Und auch Possesivpronomen dienen in der Regel keineswegs der Klärung sachenrechtlicher Verhältnisse, sondern meist der Abgrenzung sozialer Sphären. Spreche ich im Deutschen etwa von »meinem Stuhl«, so kann das je nach Kontext bedeuten, daß ich auf ihm sitze, auf ihm gesessen habe, auf ihm sitzen werde, daß er mir gehört, daß ich ihn hergestellt habe usw. Ähnlich verhält es sich in der Sprache der Kap-Nguni.

Interessant erschient auch eine Zusammenstellung von Ausdrücken, die Vermögensdelikte umschreiben. Dabei ist eine besondere Reichhaltigkeit von Worten zu bemerken, die sich mit dem Diebstahl beschäftigen.

Am gebräuchlichsten sind die vom Wortstamm -ba abgeleiteten Vokabeln: isibo oder ulubo = »Diebstahl«; ukuba oder ukwiba = »stehlen«, aber auch »täuschen« und »betrügen«; isibiwo = »das gestohlene Gut«; ukubela = »für jemanden oder von jemandem stehlen«. Vom letztgenannten Verb leitet sich dann weiter auch der Begriff ulibo ab, der Feld- und Gartenfrüchte bezeichnet, die gesammelt und verzehrt werden, bevor der Häuptling rituell die ersten Früchte der Ernte genossen hat. Diebstahl ist also nach Auffassung der Kap-Nguni auch an eigenen Sachen möglich, insbesondere dann, wenn ein auf ihnen ruhendes Tabu noch nicht aufgehoben ist.

Einen besonders heimlichen Diebstahl, auch das Plündern in Kriegszeiten, umschreibt das Verb ukuketya (oder ukukhetya). Der heimliche Dieb oder Plünderer heißt demnach ikhetya.

Das Stehlen mit besonderer Schnelligkeit und unter Anwendung von Gewalt, also Raub, drückt ukuphanga aus. Aus dem Stamm -phanga lassen sich dann eine ganze Reihe weiterer Worte bilden, die alle auf diese Art des Diebstahls hinweisen: ukuphangisa = »zum Raub oder heimlichen Diebstahl anstiften oder beitragen«; ukuphangana = »sich gegenseitig berauben«; imphango = »die Beute«; umpango = »das Rauben, der Raub«; umphangi = »der Räuber«.

»Der hinterhältige, gewohnheitsmäßige Dieb« ist inyola; vom gleichen Stamm gebildet umnyolo für den »Kriminellen, hinterhältig feigen Schleicher«, das Adjektiv nyolunyolu, »habgierig«, das Verb ukunyoluka, »gefräßig, habgierig sein«, und ubunyolo für den »Hang zum Stehlen« oder auch den »Diebstahl«.

Auf den »Viehdiebstahl« oder »Viehraub« trifft der Ausdruck ubututu am besten zu; vom gleichen Stamm abgeleitet das Verb ukututa, »Vieh rauben«, und itutu, »der Viehdieb«. »Der kleine Dieb und Betrüger« dagegen ist ibida, umbido »der betrügerische Akt« und das Verb ukubida charakterisiert den Tatbestand des Vertrauensmißbrauchs, der Untreue und des Betruges. Ein weiteres Wort für »stehlen« ist das aus dem Pondo-Dialekt stammende, heute veraltete und nur noch selten gebrauchte ukusela.

Im Gegensatz zum Diebstahl bezeichnet ukuginya das »Unterschlagen, Veruntreuen«. Eine ähnliche Bedeutung hat auch die abgewandelte Form ukuginyela, die aber auch für »bestechen« benutzt wird. Die mit der Bedeutung »enteignen« gebrauchten Verben sind deshalb recht interessant, weil sie nach der Art und Weise des Enteignungsvorganges unterscheiden: ukususa ilifa okanye umhlaba und ukuhluta bzw. ukuhlutela, was »Wegnehmen mit Gewalt«, eigentlich einen Raub, bedeutet.

Auch durch diese Beispiele wird deutlich, daß Kriterien zur Unterscheidung der einzelnen Vermögensdelikte dienen, die sich von denen in europäischen Rechten unterscheiden. Betrügen und Stehlen können durch ein Wort beschrieben werden, ein besonderes Wort dient aber zur Kennzeichnung des Viehdiebstahls, eine Tatsache, die bei der Wertordnung der Süd-Nguni nicht verwundert. Auch besondere Eigenschaften des Diebes bzw. der Ausführungsart dienen der Unterscheidung von Delikten: die besondere kriminelle Anlage des Täters, die Anwendung von Gewalt, die Heimlichkeit, die Vermögensverletzung unter Ausnutzung einer Vertrauensstellung. Dies sind Kriterien, die auch beispielsweise im deutschen Recht von Bedeutung sind. Andere uns wesentlich erscheinende Tatumstände dagegen kommen kaum zum Ausdruck. Der Begriff, der am ehesten mit »unterschlagen« zu übersetzen ist, bezeichnet weniger ein Vermögensdelikt an Sachen, die der Täter im Besitz hat, als die Zueignung unter Bruch des Vertrauens einer Person. Das kann zwar der Unterschlagung im deutschen Recht entsprechen, braucht es aber nicht notwendig. Ähnlich unterscheidet der xhosa Sprechende nicht nur »wegnehmen« von »stehlen«, sondern auch den rechtswidrigen Raub von einer nicht notwendig rechtswidrigen Wegnahme mit Gewalt.

Im isiXhosa besteht also ein sehr fein abgestuftes System von Ausdrucksweisen für Begriffe, die den deutschen »Eigentum«, »Besitz«, »Diebstahl« etc. in etwa entsprechen, die aber den eigenen kulturellen Gegegenheiten angepaßt sind und deshalb keine vergleichbaren Größen für europäische Rechtstermini darstellen.

G. Träger des Eigentums

Bei den Kap-Nguni können grundsätzlich sowohl Männer als auch Frauen, und zwar jeden Alters, Inhaber von Eigentum sein; Altersgruppe und Geschlecht bestimmen aber sehr stark damit zusammenhängende, rechtliche Fragen. Daneben kommen als Träger von Eigentum nur Familien in Betracht; andere Personenmehrheiten, etwa größere verwandtschaftliche oder politische Einheiten, treten nicht als Eigentümer auf.

Wichtigstes Gut in der Kultur der Kap-Stämme ist, wie bereits dargestellt, das Vieh. Die religiöse und soziale Bindung gerade des Rindes bringt zum Ausdruck, welch hohe Bedeutung es für die materielle und geistige Existenz der Gruppe hat[1]. Diese Bindungen finden ihren Ausdruck in Tabu-Vorschriften, die besonders Frauen treffen. Grundsätzlich ist ihnen der Kontakt mit Vieh nicht erlaubt. Nur Rinder, die im Eigentum von Klan-Angehörigen einer Frau stehen, sind durch deren Berührung weniger gefährdet. Im Recht bewirkt diese Auffassung, daß Frauen nur Eigentümerinnen von Tieren sein können, die ihnen von der eigenen Sippe zugeordnet worden sind. Rinder als Entgelt für Dienst- oder Werk-Leistungen werden nicht persönliches Eigentum dieser Frau, sondern als Familieneigentum ihrer Familie zugeordnet. Es entspricht dem patriarchalischen System, daß Eigentümer dieses wichtigen Gutes überwiegend der Mann ist; er versorgt Rinder und Ziegen, hütet und melkt sie, vollzieht die Opfer. All dies sind Tätigkeiten, von denen die Frau ausgeschlossen ist. — Grundsätzlich ist die Zuordnung eines Tieres an kein Alter gebunden. Fälle, in denen einer unverheirateten Frau ein Tier persönlich gehörte, sind mir jedoch nicht bekannt geworden. Üblicherweise erhält die Frau erst mit Eingehung ihrer Ehe ihr ubulunga-Tier, das als typisches Eigentum der Frau an einem Rind gelten kann.

Persönliche Gebrauchsgegenstände wie Kleidung, Werkzeuge, Waffen, Haushaltsartikel, Schmuck etc. gehören zunächst dem Hersteller. Von diesem werden sie in das Eigentum dessen überführt, der sie benötigt. Sind diese Gerätschaften und Kleidungsstücke neu, so ist ihre Fungibilität unbeschränkt; jeder kann sie auf dem Tauschwege oder als Gegenleistung für Dienste erwerben. Der Benutzer ist dann regelmäßig der endgültige Eigentümer, denn mit dem Gebrauch erlischt die starke Fungibilität. Benutzte Artikel des persönlichen

1 Vgl. dazu *Schott* 1960 (a), 115 ff, insbes. 129; *Schott* 1960 (b), 246; *Mensching* 1968, 84.

Bedarfs erhalten durch den Gebrauch die besondere Eigenschaft, daß sie »Bestandteil der Persönlichkeit ihres Eigentümers« werden[2]. Die natürliche Verschmutzung mit körperlicher Substanz des Trägers läßt Gebrauchsgegenstände körperlichen Bestandteilen selbst ähnlich, zum »own filth« des Eigentümers werden. Das macht sie beispielsweise geeignet zur Verwendung bei schwarzer Magie. Dem Kundigen verleihen sie, wie auch Haut-, Nagel- oder Haar-Partikel, eine Macht über den Eigentümer (pars pro toto). Diese Eigenart ist zwar keine typisch rechtliche Implikation, hat aber rechtliche Auswirkungen, indem sie die Fungibilität entfallen läßt. Keiner möchte getragene Kleidungsstücke veräußern, normalerweise ist aber auch niemand an einem Erwerb fremder getragener Kleidung interessiert. Eine Ausnahme von dieser Regel bilden spezielle, wertvolle Gegenstände. Sie sind, nach ritueller Reinigung, übertragbar und vererblich. — Zu beachten ist beim Eigentum an persönlichen Gebrauchsgegenständen, daß Ehemann und Ehefrauen sich in verschiedenen Rechtskreisen bewegen. Ähnlich wie beim Vieh sorgen hier die Klan-Angehörigen füreinander, nicht aber die Ehegatten. Eltern statten ihre Kinder mit dem Notwendigen aus, Brüder ihre verheirateten und unverheirateten Schwestern und umgekehrt.

Soweit besondere Kenntnisse einen eigentumsähnlichen Charakter haben, also bei Schmieden, Zauberern und Kräuterdoktoren, ist ihre Weitergabe in der Regel weder an Geschlecht noch an ein bestimmtes Alter gebunden. Allerdings gibt es nur Männer als Schmiede. Die Möglichkeit, bereits ein Kind auszubilden, besteht besonders bei amagqira, vielleicht weil hier das Charisma eine wesentlichere Rolle als definitive Kenntnisse spielt. Es gibt jedenfalls amagqira, die bereits im Alter von 10 Jahren ihre Lehrzeit abgeschlossen haben[3].

Bei Geistern ist zu unterscheiden zwischen sexuell neutralen und solchen, deren Geschlecht von besonderer Bedeutung ist. Letztere Geistwesen können nur im Eigentum des jeweils anderen Geschlechts stehen, männliche tikoloshe also nur im Eigentum von Frauen, umamlambo in dem eines Mannes.

Feldfrüchte und gesammelte Nahrungsmittel gehören den Frauen, durch deren Arbeitsinvestition sie erworben worden sind. Verwaltet werden sie von der Mutter der jeweiligen Familie; dem umnini'mzi kommen allerdings aufgrund seiner Stellung Weisungsrechte zu. Wie auch beim Fleisch eines erlegten wilden oder geschlachteten Tieres besteht bei pflanzlichen Nahrungsmitteln die Verpflichtung, zunächst die Verwandten, dann aber auch Freunde, Bekannte und sogar Fremde teilhaben zu lassen. Gastfreundschaft ist nicht nur ein wesentlicher Charakterzug der Kap-Stämme[4], sondern sogar eine rechtliche Verpflichtung. Die Verweigerung des Gastrechtes wird als schwere Verfehlung

2 Vgl. auch *Seagle* 1958, 83.
3 Information IV.
4 Information IV und V.

angesehen und sogar bestraft[5]. Diese Haltung kommt auch in Sprichwörtern zum Ausdruck, von denen hier nur eines genannt sei: Isusu som-hambi asingakanani, singapambili kodwa ngemva ngu-mhlonzo (»Der Magen eines Reisenden ist nur klein und vorn, aber hinten ist nur das Rückgrat«). Dennoch müssen in vielen Fällen Ansprüche angemeldet werden: Usana olunga-kaliyo lufel'embelekweni (»Ein Kind, das nicht schreit, stirbt auf dem Rücken seiner Mutter«)[6]. Aus diesem Grunde findet auch kein Xhosa etwas dabei, wenn er Bekannte oder Freunde um ein Geschenk bittet, wo er sie nur trifft[7]. Meist wird keine große Gabe erwartet, sondern etwas Tabak oder eine andere Kleinigkeit, die weniger ein körperliches Bedürfnis befriedigen als eine mitmenschliche Beziehung herstellen soll.

Die stärksten Verpflichtungen aus dem Eigentum bestehen natürlich innerhalb der Familie bzw. innerhalb des Krals. Ehemann und Ehefrauen, unterstützt jeweils durch die Kinder gleichen Geschlechts, tragen gemeinsam zum Unterhalt der einzelnen Familien bei. Bei Nahrungsmitteln sorgen Ehemänner auch für ihre Ehefrauen, die Frauen auch für ihre Männer. Mit Gebrauchsartikeln werden dagegen, wie bereits geschildert, nur Cognaten, Agnaten nur in Ausnahmefällen, versorgt. Insoweit muß man, wie erwähnt, sogar von getrennten Rechtssphären der Ehegatten sprechen, die auch beim Eigentum an Vieh zum Ausdruck kommen. In keinem Fall beschränkt sich aber die Nutznießung des Eigentums auf den Eigentümer selbst, sondern es kommt auch anderen zugute[8]. In der sozialen Bindung des Eigentums läßt sich eine graduelle Verschiedenheit feststellen, die von »sehr schwach« bis zu »sehr stark« reicht. Am wenigsten sozial gebunden ist, wie erläutert, das Eigentum an gebrauchter persönlicher Habe. Geister werden, offensichtlich zu deren Vorteil, auf Kinder übertragen. Besondere Kenntnisse dagegen sind nicht nur weitergabefähig, sondern sie bringen auch materiell etwas ein, was von unmittelbarem sozialem Wert ist. Neue Handwerksprodukte werden auch für Familienmitglieder hergestellt, die einen Anspruch auf Versorgung haben, bringen andererseits aber auch Einkünfte. Außerordentlich stark sind die Verpflichtungen bezüglich Nahrungsmittel, wie oben beschrieben. Am stärksten sozialen Bindungen ausgesetzt ist aber das Vieh, das zwar im Eigentum von Einzelpersonen und Familien steht, de facto aber mit Ansprüchen Dritter sehr stark belastet ist. Am deutlichsten wird das beim umnini'mzi, der, wenn vielleicht nicht eine rechtliche, so doch die soziale Pflicht hat, alle seine Söhne mit einer ganzen Rinderherde auszustatten, um ihnen ihre erste Ehe zu ermöglichen.

Die soziale Bindung des Eigentums kommt auch in den Geschenken zum Ausdruck, die bei bestimmten Gelegenheiten gemacht werden müssen. Als

5 So *Hunter* 1961, 419.
6 Vgl. *Soga* 1931, 333 und 335.
7 Information IV.
8 Vgl. *Schapera-Goodwin* 1959, 161.

Beispiel sei hier die Eheschließung genannt. Bereits lange vor einer ernsthaften Bindung[9] tauschen Knaben und Mädchen, die miteinander sexuellen Kontakt haben, ohne daß es zum eigentlichen Beischlaf kommt (ukumetsha), Geschenke aus. Auch zwischen den betreffenden Familien werden Geschenke ausgetauscht, vor allem versucht aber der Knabe, sich das Wohlwollen der Gruppe seiner Freundin durch Gaben an deren Vater und Mutter zu erhalten. Kommt eine Ehe ernsthaft in Betracht, so kann entweder die Familie des jungen Mannes oder die des Mädchens die Initiative ergreifen. Ein beauftragter Bote hinterläßt im Kral des in Aussicht genommenen Partners einen Speer. Wird er zurückgegeben, ist das Ansuchen abgelehnt, behält man ihn, können die Verlobungsverhandlungen beginnen. Da die Mutter der Braut ein entscheidendes Mitspracherecht hat, macht der Bräutigam ihr oft Geschenke, um ihre Gewogenheit zu sichern. Zur Hochzeit selbst bringt die Gesellschaft der Braut ein Rind mit, das im Kral des Bräutigams geschlachtet und dessen Fleisch nach strengen Regeln unter die Verwandten der Frau und die des Mannes verteilt wird. Entsprechend wird ein Rind aus der Herde der Familie des Bräutigams geschlachtet und nach den gleichen Regeln verteilt. Bei der Vorstellung der Braut, die im Viehkral den Ahnen des Bräutigams präsentiert wird, hinterläßt diese dort einen Speer, der der Entsühnung dafür dient, daß sie diesen Ort betreten hat, und zugleich Gabe an die Ahnen ist[10]. Geschenke der Braut-Gesellschaft sind fällig, wenn diese das ikhazi mit sich nehmen will: den Hütejungen muß ein Lösegeld gezahlt werden, damit sie die Pforte des Viehkrals öffnen; sie müssen aber auch dafür entschädigt werden, daß sie nun von den weggeführten Rindern nicht den ihnen eigentlich bei einem Opfer zustehenden Anteil erhalten.

Nahezu jede Handlung und jedes Zeremoniell ist vom Austausch kleiner oder größerer Geschenke, meist Speeren, begleitet. Keine Bereicherung einer Person oder Personengruppe tritt ein, ohne daß nicht wenigstens eine symbolische Gegengabe gewährt wird. Alle diese Gaben sind nicht überwiegend ökonomischer Natur, sondern haben wesentlich soziale Funktion. Selbstverständlich bieten sie aber geeignete Anknüpfungspunkte für eine — spätere — ökonomische Betrachtungsweise.

9 Vgl. *Soga* 1931, 227 ff; *van Tromp* 1948, 40 ff; *Hunter* 1961, 180 ff.

10 Das Geschenk einer Waffe durch die Braut ist keineswegs außergewöhnlich. Vgl. z. B. für die Germanen *Diamond* 1951, 100.

H. Moderne Entwicklungen

Eine vollständige Darstellung des h e u t i g e n Eigentumsrechts der Kap-Nguni ist im Rahmen dieser Arbeit nicht möglich. Dennoch seien abschließend einige Fakten und Tendenzen aufgezeigt, die im Zusammenhang mit den gefundenen Ergebnissen von Interesse sein können[1].

Das Vieh, insbesondere das Rind, hat seine grundlegende Bedeutung in allen wesentlichen Aspekten des Lebens der Kap-Stämme behalten. Neben die Ziege ist das Schaf getreten, das sich zu Opfern allerdings nicht eignet, da es keinen Todesschrei ausstößt, die Ahnen also nicht ruft, wenn es geschlachtet wird. Schweine und Hühner stehen meist im Eigentum von Frauen, die mit diesen Tieren regen Handel treiben. Der wirtschaftliche Verkehr gerade mit Tieren hat sehr zugenommen. Dabei ist eine weitgehende Identifizierung von Vieh mit Geld zu beobachten. So wurde lange Zeit und wird auch noch häufig die Fünf-Pfund-Note bzw. der Zehn-Rand-Schein als »ein Ochse« bezeichnet, während der Zehn-Schilling-Schein, die heutige Ein-Rand-Note, »Ziege« genannt wird[2]. Die neuen wirtschaftlichen Verhältnisse wurden also vermittels traditioneller Vorstellungen bewältigt, wobei auch die Fungibilität des Geldes Einfluß auf die der Rinder und Ziegen ausübte. — Junge Männer verdienen in den Minen, in der Stadt oder als Landarbeiter Geld, um damit das ikhazi für ihre Frau zu bestreiten. Da »inja yakho ibambele wena«, muß der Sohn sein verdientes Geld eigentlich seinem Vater oder gesetzlichen Vertreter abliefern, der dann für ihn die ikhazi-Leistung übernimmt. Häufig wird aber dieser Umweg heute eingespart, und der junge Mann führt seine Eheunterhandlungen selbst. Ukulobola ist, zumindest unter der Landbevölkerung, weiterhin geübter Brauch. Sogar gebildete Nguni geben ikhazi für die Frauen ihrer Söhne, auch wenn die Hochzeit nach christlichem Ritus vollzogen wird. Sie wollen einerseits die Tradition aufrechterhalten, zum anderen glauben sie an den stabilisierenden Effekt dieses Brauches[3].

Auf die veränderten Rechtsverhältnisse am ubulunga-Tier wurde bereits oben hingewiesen. Diese Änderungen bewirkte die Rechtsprechung weißer Beamter, die Pfändungen weißer Händler erleichtern wollten[4].

1 Vgl. zu diesem Kapitel *Wilson-Mafeje* 1963, *Mayer* 1962, *Reader* 1961, *Pauw* 1963 und *Hunter* 1961, 434 ff; *Simons* 1968; *Ertle* 1970.

2 Vgl. *Seymour* 1960, 102 ff; *Warner* 1961 Nr. 2091, 2001, 1993, 1977, 1964, 1963.

3 Information IV.

4 So *Simons* 1968, 197—198.

Eine Änderung hat sich auch im Umgang mit Gebrauchsgegenständen durchgesetzt. Heute werden nicht mehr grundsätzlich alle persönlichen Habseligkeiten eines Beschnittenen oder eines Verstorbenen vernichtet. Die an die Stelle der Fellkleidung getretenen Decken und Tücher europäischer Art werden von den Erben bzw. den jüngeren Geschwistern der Initianten im Fluß mit Seife gewaschen und dürfen dann weiterbenutzt werden. Auch Gebrauchsgegenstände werden trotz vorheriger Benutzung nicht mehr unbedingt als unveräußerlich betrachtet. Beim Erwerb von gebrauchten Pfeifen während meines Feldaufenthaltes entfernten beispielsweise die meisten Verkäufer nur das Mundstück, das, von Speichel durchdrungen, eine sehr enge Beziehung zum Körper des Benutzers aufweist. Einige dieser Leute verzichteten aber sogar darauf, da sie von Weißen keine schwarze Magie befürchten. — Ein Unterschied wird besonders zwischen Gebrauchsartikeln europäischer Provenienz und traditionellen Artikeln gemacht. Letztere behandeln die Kap-Stämme auch heute noch häufig nach den traditionellen Vorschriften. Modernes Geschirr, Töpfe, Vasen etc. fallen aber beim Tode ihres Eigentümers kaum mehr der Vernichtung anheim. Handelt es sich gar um wertvolle Stücke wie etwa ein Kofferradio, so finden auch europäische Rechtsgrundsätze Anwendung. Der Knabe benutzt es als Initiant und auch als junger Mann weiter, als Erbstück gebührt es dem allgemeinen Rechtsnachfolger. — Um die Verpflichtung zu umgehen, ihrem Kraloberhaupt verdientes Geld abzugeben, erwerben unverheiratete Männer und Frauen oft Gegenstände des eigenen Bedarfs für ihren Lohn. Auf diese Weise verschwimmen die auf Vieh und persönliche Gebrauchsgegenstände anzuwendenden traditionellen Regeln ineinander.

Das Recht an Acker- und Siedlungsland ist inzwischen ausschließlich nach europäischem Muster gestaltet. Besitzrechte wurden in Eigentum überführt, ohne daß es nennenswerte Schwierigkeiten gegeben hätte. Was den Gemeingebrauch des Brachlandes anbetrifft, bestehen die alten Rechtsgrundsätze fort. Hier hat die Gesetzgebung eine Entwicklung beschleunigt, die mit der Seßhaftwerdung der Nguni-Völker und der Beschränkung ihres Siedlungsgebietes ohnehin sich hätte ergeben müssen[5].

Schließlich ist bei den Geistwesen eine interessante Entwicklung zu beobachten, die allerdings weniger rechtlich als soziologisch bemerkenswert ist. Einige der Geister, besonders ichanti und umamlambo, treten in europäischer Kleidung auf, wenn sie in Menschengestalt erscheinen. Als Erklärung weisen Informanten[6] darauf hin, daß die wirklich schädlichen, mit Sicherheit wirkenden Medizinen erst von den Weißen und Indern ins Land gebracht worden seien. Obgleich der Nguni davon ausgeht, daß der Weiße üblicherweise keine schwarze Magie treibt, verbindet er mit den Attributen des Europäers doch

5 Einzelheiten: vgl. *Kerr* 1953.
6 Informanten L und N.

eine Gefährdung seiner Existenz. Auch ohne böse Absicht stellt der Europäer eine ernste Bedrohung der Nguni-Kultur und des Selbstverständnisses dieser Menschen dar.

Anhang 1

Verzeichnis der benutzten xhosa Worte

aba-kwetha	Plural von umkwetha
aba-nini'mzi	Plural von umnini'mzi
aba-ntu	Plural von um-ntu = Mensch, Mann, Person
aba-ntu bom-lambo	die Wasser-Leute (um-lambo = der Fluß)
aba-ntu ze-hlati	die Wald-Leute (i-hlati = der Wald)
ama-gqira	Plural von igqira
ama-gqwira	Plural von igqwira
ama-lima	Plural von ilima = Arbeitsgruppe (uku-lima = ein Feld bestellen)
ama-pakati	Plural von umpakati
ama-mamlambo	Plural von umamlambo
ama-qaba	Plural von i-qaba = ein Roter, Heide (ukuqaba = sich mit rotem Lehm einschmieren)
ama-qadi	Plural von iqadi
ama-Xhosa	Plural von um-Xhosa = ein Xhosa-Mann, eine Xhosa-Frau
bonga	Stamm zu ukubonga
bula	Stamm zu ukubula
bulisa	Stamm zu ukubulisa
buqisa	Stamm zu ukubuqisa
busa	Stamm zu ukubusa
camagu!	»Verzeihung« (nur gegenüber Ahnen, Zauberern und Häuptlingen gebrauchte Besänftigungsformel)
i-bandla	Dorf, Unterdistrikt
i-bida	kleiner Dieb, Betrüger
i-canti	Wassergeist, Schlange
i-chanti	icanti
i-fuya	durch Rinderzucht reichgewordener Besitzer
i-gqira	Zauberer, Zauberin
i-gqwira	Hexe, Hexer

i-henyukazi	Prostituierte
ii-nyamezane	Plural von i-nyamezane = i-nyamezana = jedes kleine, eßbare Tier (inyama = Fleisch)
ii-thanga	Plural von i-thanga = Weideaußenposten
i-khazi	Brautpreis
i-khetya	heimlicher Dieb, Plünderer
i-krwala	i-rwala = junger Mann in den ersten Monaten nach seiner Entlassung aus dem Initiantenlager
i-kundla	Hof, Versammlungsplatz
i-lala	Schmied
i-lali	Distrikt, Lokation
ili-fa	Erbe, Nachlaß, Vermächtnis, Einkommensquelle
ili-zwe lakuthi	unser Land (ilizwe = Land, Region)
im-bongi	Preissänger
im-fene	Affe, Pavian
im-fuyo	Eigentum, Besitz an Vieh und Ländereien
imi-sila	Plural von um-sila = Schwanz; Bote des Häuptlings, der als Zeichen seines Amtes einen Leoparden- oder weißen Ochsenschwanz trägt
imi-zi	Plural von umzi
im-pahla	Habseligkeiten
impahla yen-kosi	Kriegsausrüstung (in-kosi = Häuptling)
impahla enomniniyo	bewegliche Sachen (um-nini = Eigentümer)
impahla ehambayo	Vieh (die Habe, die läuft; von uku-hamba = gehen, laufen)
impahla emfutshane	Ziegen und Schafe (die kleine Habe; von -futshane = kurz, klein)
im-paka	Hauskatze; Wer-Katze (bösartiges Geistwesen)
im-phango	Beute
im-potulo	ein Rind aus der Mitgift
im-pundulu	Blitzvogel, auch i-zulu = der Himmel genannt (böser Geist)
in-dlu	Haus
in-doda	Mann
in-komo	Rind
inkomo ye-selwa	Rind der Milchkalebasse (i-selwa = trockene Kalebasse zur Aufbewahrung von Milch)
inkomo yesi-nyanya	Rind der Ahnen (izi-nyanya = die Ahnen)
inkomo yes-ondlo	Rind des Unterhaltes (is-ondlo = Unterhalt)
inkomo yobu-lunga	das ubulunga-Rind (uku-lunga = recht, gut sein) = inkomo yesinyanya
inkomo zen-kosi	das Rind des Häuptlings (in-kosi = Häuptling)

in-kosi	Häuptling
in-kosikhazi	Häuptlingsfrau, Hauptfrau
in-kunzi	Bulle
in-kwenkwe	Knabe
i-nqakwe	ein Rind aus der Mitgift
in-tlonze	Pfand, Beweisstück
in-tonjane	Pubertätszeremonie für Mädchen (uku-tomba = sprießen, knospen, zum ersten Mal menstruieren)
in-tsapo	lineage group, Sippe, Frau und Kinder eines Mannes (u-sapo = Abkomme, Familie)
in-tso-nyama	Bizeps des rechten Vorderbeines vom Rind, bestes Fleischstück, wird beim Opfer in Form des ukushwama rituell verzehrt (i-nyama = Fleisch; in-tso = Niere)
i-nyoka	Schlange
inyoka yaba-fazi	die Frauenschlange (aba-fazi = Plural von um-fazi = Frau)
i-nyola	hinterhältiger, gewohnheitsmäßiger Dieb
i-nxiba	Penisfutteral
in-zuzo	Profit, Verdienst, Lohn
i-qadi	Nebenfrau
i-shweshwe	Konkubine
isi-biwo	gestohlenes Gut
isi-bo	Diebstahl
isi-bongo	Sippenname
isi-buliso	Gruß
isi-duko	Klan, Familienname, Name des Vorfahren, nach dem sich ein Klan benennt
isi-hlanga sen-kosi	Schild des Häuptlings
isi-pipa	Rind, das aus dem ikhazi für eine Tochter der Mutter zusteht (uku-pipa = ein Kind trockenlegen, abwischen)
isi-su	Bauch, Magen, Uterus
isi-Xhosa	das Xhosa, die Xhosa-Sprache, das Xhosa-Tum
isi-Zulu	das Zulu, die Zulu-Sprache
isi-zwe	Stamm, Nation, Volk (aber auch Klan)
is-ondlo	Unterhalt
i-tutu	Viehdieb
i-xhiba	das am Ort des Großvaters bestehende Haus
i-xwele	Kräuterdoktor
izi-lo ze-hlati	Tiere des Waldes (von isi-lo = wildes Tier, und i-hlati = Wald) = abantu zehlati

izi-mfene	Plural von imfene
izi-nyama	Plural von isinyama
izi-nyanya	Plural von isinyanya
izi-su	Plural von isisu
lobolo	Zulu-Wort, eigentlich i-lobolo, für ikhazi (uku-lobola = im Rahmen der Ehevereinbarung Rinder an die Familie der Frau geben)
nini	siehe umnini
Ngube-zulu	Himmelsdecke, Preisname eines Häuptlings (in-gubo = Decke, Mantel; izulu = Himmel)
nyoka	siehe inyoka
-nyolunyolu	habgierig
o-ne-nto	Besitzer, Eigentümer (na = mit; i-nto = Sache, Gegenstand)
pau	phawu
phawu	Stamm zu u-phawu = Zeichen, Eigentumsmarke
qola	Stamm zu uku-qola
tabataba	Stamm zu isi-tabataba = Tribut, Buße
tanga	thanga
thanga	Stamm zu ii-thanga
tikoloshe	u-tikoloshe = anthropomorphes Geistwesen (dieses Wort ist in Südafrika auch in germanischen Sprachen so geläufig, daß es hier ohne Präfix benutzt wird)
tungulula	Stamm zu uku-tungulula = die Augen öffnen (von jungen Hunden und Katzen nach ihrer Geburt)
ubu-lunga	Amulett aus Kuhschwanzhaar; siehe inkomo yobulunga
ubu-mnini	ubunini
ubu-nini	Eigentümer-, Besitzer-Qualität
ubu-nyolo	Hang zum Stehlen, Diebstahl
ubu-tutu	Viehdiebstahl, Viehraub
u-donga	Erosionsschlucht, Donga
uku-ba	sein
ukù-ba	stehlen, täuschen, betrügen
ukuba ne-nto	besitzen, Eigentümer sein (na = mit; into = Sache)

ukuba ng-umnini	Besitzer, Eigentümer sein (nga = mit; umnini = Eigentümer, Besitzer)
uku-bela	für oder von jemand stehlen
uku-bida	Vertrauen mißbrauchen, betrügen
uku-bonga	preisen, preissingen
uku-bula	gestehen
uku-bulisa	grüßen, salutieren (Veranlassungsform von ukubula)
uku-buqisa	niedertrampeln lassen, Vieh in Gärten weiden lassen
uku-busa	bei Hofe dienen
uku-fa	sterben
uku-fakwa	sich hineinsetzen; durch eine Leistung ein Anrecht an einem ikhazi erlangen
uku-fuya	besitzen (Vieh und Land)
ukufuya lomhlaba	besitzen (speziell von Land)
uku-fuyisa	reich machen
uku-ginya	unterschlagen, veruntreuen
uku-ginyela	unterschlagen, bestechen
uku-godusa i-gqira	den neuen Zauberer in sein Amt einführen (ukugodusa = nach Hause bringen)
uku-hlal(a) 'em-nyango	auf der Schwelle leben (ukuhlala = sitzen, wohnen, verbleiben; um-nyango = Hauseingang)
uku-hlamba	waschen, abwischen, sich lossagen
uku-hlonipa	respektieren, Tabus einhalten
uku-hluta	wegnehmen, mit Gewalt rauben
uku-hlutela	ukuhluta
uku-hombisa	durch Ausstattung und Ornamente verschönern
uku-ketya	heimlicher Diebstahl, Plündern im Krieg
uku-lobola	im Rahmen des Ehevertrages Rinder an die Familie der Frau geben
uku-metsha	den Schenkelverkehr ausüben, schmusen
uku-ngena	eindringen, durchdringen; mit der Witwe des Bruders Kinder zeugen
uku-nqoma	einem anderen Vieh in Obhut geben
uku-nyoluka	gefräßig, habgierig sein
uku-phanga	rauben
uku-phangisa	zu Raub oder heimlichem Diebstahl anstiften oder Beihilfe leisten
uku-phangana	sich gegenseitig berauben
uku-phawula	markieren
uku-potulisa	jemanden mit Mist waschen, rituell reinigen (ukupotula = sich mit Mist waschen)
uku-qola	huldigen (durch ein Geschenk)

uku-sela	stehlen (veraltetes Wort)
uku-shwama	das Fest eröffnen; den ersten Bissen rituell verzehren
uku-susa ili-fa oka-nye um-hlaba	enteignen (Wegnehmen des Erbes und des Landbesitzes)
uku-teleka	zurückhalten, vorenthalten (die Frau dem Ehemann durch deren Familie bis zur Zahlung eines Rindes, des u-teleko)
uku-thenga	tauschen, handeln, kaufen
uku-thwasa	erscheinen, mit dem Zauberhandwerk beginnen, träumen
uku-tuta	Vieh rauben
uku-vela kwama-bele	Wachsen der Brüste (mit beginnender Pubertät) (uku-vela = knospen, sprießen; ama-bele = Plural von i-bele = weibliche Brust)
uku-vusa ama-bele	die Brüste wecken, neu beleben (uku-vusa = einen Schlafenden wecken, hochheben, aufrichten); bhaca Ausdruck, der die Institution der isisu beschreibt
uku-zalela	für oder an einem bestimmten Platz gebären
uku-zuza	bekommen, erwerben
ukw-iba	ukùba
ul-ibo	erste Früchte, die von Frauen heimlich geerntet und verzehrt werden
ulu-bo	isibo
u-mamlambo	bösartiges Geistwesen in Form einer Schlange oder Wurzel oder schönen Frau (uku-ma = wohnen; um-lambo = Wasser, Fluß; vielleicht auch von u-ma = Mutter)
um-bido	betrügerischer Akt
um-bulo	Unreinheit, unmoralisches Verhalten, Inzest
um-dali	Schöpfer
um-enzi	Macher, Tuer (ukw-enza = tun)
um-fazi	Frau
umfazi om-khulu	die Große Frau (-khulu = groß) = inkosikhazi
umfazi wase-kunene	die Frau zur Rechten Hand (uku-nene = die rechte Hand)
um-fuyi	Rinderfarmer
um-khonto	Speer, Assegai; Handgeld
um-kwetha	Lehrling, Initiant
um-laza	rituelle Unreinheit
um-nini	Eigentümer, Besitzer, Herr
umninikhazi	weibl. Form von umnini

umnini'mandla	der Allmächtige (amandla = Macht, Stärke)
umnini'mzi	Kraloberhaupt
umnini'ndlu	Besitzer, Eigentümer einer Hütte
um-nyanya	Ahnengeist
um-nyolo	Krimineller, feiger Schleicher
um-pakati	Ratgeber, Mittler
um-pango	Rauben, Raub
um-phakhati om-khulu	oberster Ratgeber (»Großer Ratgeber«)
um-phangi	Räuber
um-zi	Kral, Gehöft, Heimstatt
u-Qamatha	Gott (aus dem Hottentottischen)
u-teleko	das Rind, mit dem die Ehefrau bei ihren Eltern ausgelöst wird
u-Thixo	Gott (aus dem Hottentottischen)
u-vuli-tasi	»Sacköffner«, Eingangsgeschenk, Anzahlung (ukuvula = öffnen; i-tasi = »Tasche«, Sack)

Verzeichnis der zitierten xhosa Redewendungen

Azika tungululi.
Er (sie, es) hat die Augen noch nicht geöffnet.

Indaba yakotombi ayikolela.
Dem Bericht des Mädchens glaubt man nicht.

Inja ibambela umniniwe.
Der Hund jagt für seinen Herrn.

Inja yakho ibambela wena.
Dein Hund jagt für dich.

Isusu som-hambi asingakanani, singapambili kodwa ngemva ngu-mhlonzo.
Der Magen des Wanderers ist nur klein, dahinter beginnt schon das Rückgrat.

Le ntonga ithi mna.
Das ist mein eigener Stock.

Le yeyam intonga.
Das ist m e i n *Stock.*

Le yintonga yam.
Das ist mein Stock.

Ndiboleke!
Ich leihe (die Frau)!

... ngenxa yempatho ombi yenkosi.
... wegen der schlechten Regierung des Häuptlings.

Nok'ifileyo inyoka, itambo layo lihlaba umntu afe.
Obwohl eine Schlange tot ist, können ihre Knochen einen Menschen tödlich verletzen.

Usana olunga-kaliyo lufel' embelekweni.
Ein Kind, das nicht schreit, stirbt auf dem Rücken seiner Mutter.

Anhang 2

Verzeichnis der Informationsquellen während der Feldarbeit

Informant A:	S. M. Burns-Ncamashe, Xhosa (Tshawe, also Angehöriger des Fürstenhauses der Xhosa), Lehrer, imbongi, Mitarbeiter am geplanten Xhosa-Englisch-Lexikon an der Universität For Hare
Informant B:	Chief Payment Siwani der imiDushane, Xhosa, Distrikt King William's Town
Informant C:	Mthinteli Fiyo, headman der Lokation Tamara (in der sich der »Große Platz« von B befindet), Ratgeber von B, Xhosa
Informant D:	Tamcanga Ngqase, oberster Ratgeber von B, Xhosa
Informant E:	Victor Hoyana, Xhosa (Gqunukwebe), Senior Bantu Information Assistant, King William's Town
Informant F:	K. N. Mdwara, Xhosa (Cina), Magistratsbeamter in Middledrift
Informant G:	Chief Delizindaba Khama der amaGqunukwebe, Distrikt Middledrift
Informant H:	Gungqu, Xhosa, oberster Ratgeber von G
Informant I:	Chief Ngubezulu Mhlambiso der amaHlubi im Amatola Basin, Fingo
Informant K:	Chief Nainas Mhlambiso, Onkel von I und zu dessen Schulzeit Acting Chief für diesen
Informant L:	Jodwana, igqira im Distrikt Alice
Informant M:	Houghton Hlahleni, Hlubi (Fingo) aus dem Amatola Basin, Lehrer
Informant N:	Chief Justice Jongilizwe Mabandla der amaBele im Distrikt Alice, Fingo, zeitweise Verwaltungsbeamter in Alice
Informant O:	Julia Tswaku, Xhosa-Frau, Alice
Informant P:	N. Nara, Xhosa-Mann, Alice
Informant Q:	L. Kakaza, Xhosa-Mann (Tshawe), Mavuso-Lokation
Informant R:	K. Petros, Xhosa-Mann, Mavuso-Lokation
Informant S:	G. Nyamande, Xhosa-Mann, Mavuso-Lokation
Informant T:	K. Nakuphi, Xhosa-Mann, Alice

Verzeichnis der Informationsquellen während der Feldarbeit

Informant U:	X. Sonjica, Xhosa-Mann, Middledrift
Informant V:	N. Nyamande, Xhosa-Frau, Alice
Informant W:	Ncilela, igqira in Qunu, Distrikt Umtata
Informant X:	Bujala, Tembu-Mann, Umtata
Informant Y:	Douglas Mangesana, Schuljunge, Standard 8, Tembu, Distrikt Alice
Informant Z:	Laduma Madela, Zulu, Zauberer und Schmied, als Besucher im Distrikt Alice
Informant AA:	Njajula, igqira, Sotho, King William's Town Distrikt
Information I:	Ergebnis von Befragungen verschiedener abakwetha und anderer Beteiligter und Zuschauer bei Besuchen in Buschlagern und einer kwetha-Entlassungszeremonie
Information II:	Briefe verschiedener Absender an die Zeitschrift »INTSIMBI«, z. T. dort veröffentlicht, zum Thema der abantu bomlambo und der bösen Geister
Information III:	Wahrnehmungen und Mitteilungen verschiedener Beteiligter auf den Begräbnissen der Häuptlinge Ebenezer Mabandla (Fingo) und Velile Sandile (Xhosa)
Information IV:	einzelne eigene Beobachtungen während der Feldaufenthalte und vereinzelte Mitteilungen verschiedener Nguni
Information V:	Mitteilungen der in Reservaten wohnhaften Händler Shap und Fetting

Anhang 3

Literaturverzeichnis

Alberti, 1968: Alberti's Account of the Xhosa in 1807, Cape Town.

Ayliff, John + Joseph Whiteside, 1912: History of the Abambo generally known as Fingos. Butterworth.

Barrow, Johann, 1801: Reisen durch die inneren Gegenden des südlichen Africa in den Jahren 1797 und 1798. Weimar.

Battis, Walter W., G. H. Franz, J. W. Grossert + H. P. Junod, 1958: The Art of Africa. Pietermaritzburg.

Baumann, H. + D. Westermann, 1967: Les Peuples et les Civilisations de l'Afrique. Paris.

Baur, Fritz, 1963: Lehrbuch des Sachenrechts. 2. Aufl. München/Berlin.

Bertaux, Pierre, 1966: Afrika. Von der Vorgeschichte bis zu den Staaten der Gegenwart. Frankfurt, Fischer Weltgeschichte Bd. 32.

Blohm, W., 1935: Schöpferische Kräfte in der Gesellschaft der Xosa-Gruppe. In: Archiv für Anthropologie, N. F. Bd. 23, pp. 159—195.

Bodrogi, Tibor, 1967: Afrikanische Kunst. Leipzig.

Bohannan, Paul, 1967: The Impact of Money on an African Subsistence Economy. In: Tribal and Peasant Economics, New York, pp. 123—135.

Brownlee, 1906: Mr. Brownlee's Notes. In: C. B. MacLean, A Compendium of Kafir Law and Customs. Grahamstown. pp. 113—130.

Brownlee, Charles, 1916: Reminiscences of Kafir Life and History. Lovedale. (1896).

Brownlee, W. T., 1925: The Transkeian Territories of South Africa. Notes on Native Law and Customs. In: Journal of the African Society, vol. XXIV, pp. 110—116, 213—218.

Bruwer, F. P., 1963: Die Bantoe van Suid-Afrika. Johannesburg.

Campbell, John, 1822: Travels in South Africa. 2 vol. London.

Comm. 1836 I: Report from the Select Committee on Aborigines (British Settlements;) together with the Minutes of Evidence, Appendix and Index. Part I.

Comm. 1883 I: Report and Proceedings, with Appendices, of the Government Commission on Native Law and Customs. Part I. Cape Town.

Comm. 1883 II: Appendices to Report and Proceedings of Native Law and Customs Commission. Part II. Cape Town.

Comm. 1903: Report of the South African Native Affairs Commissions, 1903—1905, with Minutes of Evidence and Appendices.

Cook, Peter Alan Wilson, 1931: Social Organization and Ceremonial Institutions of the Bomvana. Cape Town.

— —, 1934: The Education of a South African Tribe. Cape Town.

Dammann, Ernst, 1963: Die Religionen Afrikas. Stuttgart.

Dart, Raymond A., 1959: Racial Origins. In: I. Schapera (ed.), The Bantu-Speaking Tribes of South Africa; pp. 1—31. Cape Town (1937).

Diamond, A. S., 1951: The Evolution of Law and Order. London.

Döhne, Jacob Ludwig, 1843: Das Kafferland und seine Bewohner. Berlin.

Dugmore, H. H., 1906: Rev. H. H. Dugmore's Papers. In: C. B. MacLean, A Compendium of Kafir Law and Customs; pp. 1—56. Grahamstown.

Eichler, Hermann, 1954: Institutionen des Sachenrechts. Bd. I. Berlin.

Eiselen, Werner, 1929: Stamskole in Suid-Afrika. Pretoria.

— —, + *I. Schapera,* 1959: Religious Beliefs and Practices. In: I. Schapera (ed.), The Bantu-Speaking Tribes of South Africa; pp. 247—270. Cape Town. (1937).

Ertle, Dieter, 1970: Erbrecht, Familienstruktur und Wirtschaftsordnung in Afrika. In: Zeitschrift für vgl. Rechtswissenschaft, Bd. 71, Heft 2, pp. 127—140.

Fagg, William, 1965: Stämme und Formen in der Kunst Afrikas. Wiesbaden.

Fleming, Francis, 1853: Kaffraria and its Inhabitants. London.

Frank, Barbara, 1965: Die Rolle des Hundes in afrikanischen Kulturen. Wiesbaden.

Fritsch, Gustav, 1872: Die Eingeborenen Süd-Afrika's ethnographisch und anatomisch. Breslau.

Goodwin, A. J. H., 1959: Habitat. In: I. Schapera (ed.), The Bantu-Speaking Tribes of South Africa; pp. 33—41. Cape Town (1937).

— —, + *I. Schapera,* 1959: Work and Wealth. In: I. Schapera (ed.), The Bantu-Speaking Tribes of South Africa; pp. 131—171. Cape Town (1937).

Goodfellow, D. W., 1954: Grundzüge der ökonomischen Soziologie. Das Wirtschaftsleben der primitiven Völker dargestellt an den Bantu von Süd- und Ostafrika. Zürich.

Hammond-Tooke, W. D., 1954: Baca, Hlubi, Xesibe. Introductory article to The Bantu Tribes of South Africa, vol. III, sect. V. Kimberley.

— —, 1955—1956: The Tribes of Mount Frere District. = Ethnological Publication Nr. 33 (Department of Native Affairs). Pretoria.

— —, 1956—1957: The Tribes of Willowvale District. = Ethnological Publication Nr. 36 (Department of Native Affairs). Pretoria.

— —, 1958: The Tribes of King William's Town District. = Ethnological Publication Nr. 4 (Department of Native Affairs). Pretoria.

— —, 1962: Bhaca Society. A People of the Transkeian Uplands, South Africa. Cape Town/London/New York.

— —, 1968: The Morphology of Mpondomise Descent Croups. In: Africa, vol. XXXVIII, No. 1; pp. 26—46.

Hirschberg, Walter, 1965: Völkerkunde Afrikas. Mannheim.

— —, 1965 a): Wörterbuch der Völkerkunde. Stuttgart.

Hoebel, E. Adamson, 1954: The Law of Primitive Man. Cambridge Mass.

Hoernlé, Winifred, 1959: Social Organization. In: I. Schapera (ed.), The Bantu-Speaking Tribes of South Africa; pp. 67—94. Cape Town (1937).

— —, 1959: Magic and Medicine. In: I. Schapera (ed.), The Bantu-Speaking Tribes of South Africa; pp. 221—245; Cape Town (1937).

Holden, William C., 1866: The Past and Future of the Kafir Races. London.

Houghton, D. Hobart, 1955: Life in the Ciskei. A Summary of the Findings of the Keiskammahoek Rural Survey 1947—51. Johannesburg.

Hunter, Monica, 1933: The Effects of Contact with Europeans on the Status of Pondo Women. In: Africa, vol. VI, nr. 3; pp. 259—276.

— —, 1961: Reaction to Conquest. London (1936).

Jeffreys, M. D. W., 1951: Lobolo is Child-Price. In: African Studies, vol. X, nr. 4; pp. 145—184.

Junod, Henri A., 1962: The Life of a South African Tribe. Vol. I: Social Life. New York (1912).

Kay, Stephen, 1833: Travels and Researches in Caffraria: Describing the Character, Customs, and Moral Condition of the Tribes Inhabiting that Portion of Southern Africa. London.

Kerr, A. J., 1953: The Native Common Law of Immovable Property in South Africa. Durban.

— —, 1961: The Native Law of Succession in South Africa with Special Reference to the Nguni Tribes of the Ciskeian and Transkeian Territories and Natal. London.

Kidd, Dudley, 1906: Savage Childhood. A Study of Kafir Children. London.

— —, 1925: The Essential Kafir. London.

Kirby, Percival R., 1959: The Musical Practices of the Native Races of South Africa. In: I. Schapera (ed.), The Bantu-Speaking Tribes of South Africa; pp. 271—289. Cape Town (1937).

— —, 1965: The Musical Instruments of the Native Races of South Africa. Johannesburg.

Krige, Eileen Jensen, 1959: Individual Development. In: I. Schapera (ed.), The Bantu-Speaking Tribes of South Africa; pp. 95—118. Cape Town (1937).

— —, 1962: The Social System of the Zulu. Pietermaritzburg.

Kropf, A., 1889: Das Volk der Xosa-Kaffern im östlichen Südafrika nach seiner Geschichte, Eigenart, Verfassung und Religion. Berlin.

— —, + *Robert Godfrey,* 1915: A Kafir-English Dictionary. Lovedale.

Laubscher, B. J. F., 1951: Sex, Custom and Psychopathology. A Study of South African Pagan Natives. London (1937).

Leiris, Michel, + Jacqueline Delange, 1968: Afrika, die Kunst des schwarzen Erdteils. München (Universum der Kunst).

Lestrade, G. P., 1934: Some Aspects of the Economic Life of the South African Bantu. In: South African Journal of Economics, vol. II; pp. 426—443.

Leuzinger, Elsy, 1959: Afrika. Kunst der Negervölker. Baden-Baden (Kunst der Welt).

Lewin, Julius, 1947: Studies in Native Law. Cape Town/Philadelphia/Oxford.

— —, 1966: An Outline of Native Law. Cape Town/Amsterdam (1944).

Lichtenstein, Henry, 1811—1812: Reisen im südlichen Afrika in den Jahren 1803, 1804, 1805 und 1806. 2 Bde. Berlin.

MacDonald, J., 1889: Manners, Customs, Superstitions and Religions of South African Tribes. In: Journ. of the Roy. Anthrop. Inst., vol. 19; pp. 264—296.

— —, 1890: Manners, Customs, Superstitions and Religions of South African Tribes. In: Journ. of the Roy. Anthrop. Inst., vol. 20; pp. 113—140.

MacLean, C. B., 1906: A Compendium of Kafir Law and Customs. Grahamstown.

Marquard, L., 1948: The Native in South Africa; revised by J. Lewin. Johannesburg (1939).

Marx, L., 1903: Das Recht der Amahlubi. In: S. R. Steinmetz (Hrsg.), Rechtsverhältnisse von eingeborenen Völkern in Afrika und Ozeanien; pp. 346—359. Berlin.

Mayer, Philip, 1962: Townsmen or Tribesmen. Cape Town.

McLaren, J., 1963: A New Concise Xhosa-English Diktionary; revised by W. G. Bennie and J. J. R. Jolobe. Pietermaritzburg.

Meauzé, Pierre, 1968: African Art. Sculpture. London.

Mensching, Gustav, 1968: Soziologie der Religion. (2. Auflage) Bonn.

Mills, M. E. Elton + Monica Wilson, 1952: Land Tenure. Keiskammahoek Rural Survey, vol. IV. Pietermaritzburg.

Mncube, F. S. M., o. J.: Xhosa Manual. Johannesburg/Wynberg/Cape Town.

Molema, S. M., 1920: The Bantu. Past and Present. — An Ethnographical and Historical Study of the Native Races of South Africa. Edinburgh.

Mönnig, H. O., 1967: The Pedi. Pretoria.

Mountain, Edgar D. (ed.), 1952: The Natural History of the Keiskammahoek District. = Keiskammahoek Rural Survey, vol. I. Pietermaritzburg.

Murdock, George Peter, 1959: Africa — Its Peoples and their Culture History. New York/Toronto/London.

Nippold, W., 1954: Die Anfänge des Eigentums bei den Naturvölkern und die Entstehung des Privateigentums. 's-Gravenhage.

Olderogge, *D. A. + I. I. Potechin*, 1961: Die Völker Afrikas. Ihre Vergangenheit und Gegenwart. Bd. II. Berlin.

Oliver, Roland + *John D. Fage,* 1962: A Short History of Africa. Hammondsworth.

Olivier, N. J. J. a) o. J.: Suid-Afrikaanse Bantoereg: Bantoe-Suksessie- en Erfreg. (vervielfältigtes Manuskript).

— —, b) o. J.: Suid-Afrikaanse Bantoereg: Bantoegrondereg. (vervielfältigtes Manuskript).

Ottenberg, Simon + *Phoebe* (ed.), 1965: Cultures and Societies of Africa. New York.

Pakendorf, o. J.: English-Xhosa-Word List. (vervielfältigtes Manuskript).

Palandt, 1958: Bürgerliches Gesetzbuch §§ 854—1296, bearbeitet von Ulrich Hoche. München/Berlin (17. Aufl.).

Passarge, Siegfried, 1908: Südafrika. Eine Landes-, Volks- und Wirtschaftskunde. Leipzig.

Patterson, Wilhelm, 1790: Reisen in das Land der Hottentotten und der Kaffern während der Jahre 1777, 1778 und 1779. (Anmerkungen von Johann Reinhold Forster). Berlin.

Pauw, B. A., 1963: The Second Generation. Cape Town.

Pim, Howard, 1934: A Transkei Enquiry. Lovedale.

Post, Albert Hermann, 1887: Afrikanische Jurisprudenz. Oldenburg/Leipzig.

Quin, P. J., 1959: Foods and Feeding Habits of the Pedi. Johannesburg.

Raum, Johannes W., 1968: Über die Jünglingsweihe bei den Xhosa. In: Paideuma, Bd. XIV, pp. 121—147.

Raum, O. *F.,* 1969: A Topological Analysis of Xhosa Society. In: Kalima na Dini, Festschrift für E. Dammann, Stuttgart, pp. 321—332.

Reader, D. H., 1961: The Black Man's Portion. Cape Town.

Rehme, Paul, 1891: Über das Recht der Amaxosa. In: Zeitschr. für vgl. Rechtswissenschaft, Bd. X, pp. 32—63.

Reuter, Armand, 1963: Native Marriages in South Africa according to Law and Custom. = Missionswissenschaftl. Abhandlungen No. 27. Münster.

Sayce, R. U., 1965: Primitive Arts and Crafts. An Introduction to the Study of Material Culture. New York (1933).

Schapera, Isaac, (ed.), 1941: Select Bibliography of South African Native Life and Problems. London.

— —, 1943: Tribal Legislation among the Tswana of the Betchuanaland Protectorate. London.

— —, 1955: A Handbook of Tswana Law and Customs. London/New York/ Cape Town (1938).

— —, 1955 a): The Sin of Cain. In: Journ. of the Roy. Anthrop. Inst., vol. 85, pp. 33—43.

— —, 1956: Government and Politics in Tribal Societies. London.

— —, (ed.), 1959: The Bantu-Speaking Tribes of South Africa. An Ethnographical Survey. Cape Town (1937).

— —, 1959 a): Political Institutions. In: I. Schapera (ed.), The Bantu-Speaking Tribes of South Africa; pp. 173—195. Cape Town (1937).

— —, 1959 b): Law and Justice. In: I. Schapera (ed.), The Bantu-Speaking Tribes of South Africa; pp. 197—219. Cape Town (1937).

— —, 1966: Tswana Legal Maxims. In: Africa vol. XXXVI, nr. 2; pp. 121—134.

— —, + *A. J. H. Goodwin*, 1959: Work and Wealth. In: I. Schapera (ed.), The Bantu-Speaking Tribes of South Africa; pp. 131—171. Cape Town (1937).

Schott, Rüdiger, 1959: Die Eigentumsrechte der Buschmänner in Südafrika. In: Zeitschr. für vgl. Rechtswissenschaft. Bd. 61; pp. 101—223.

— —, 1960: Probleme des Eigentums in rechtsethnologischer Sicht. In: Alexander Busch (Hrsg.), Soziologie und Gesellschaft; pp. 245—246. Stuttgart.

— —, 1960 a) Religiöse und soziale Bindungen des Eigentums bei Naturvölkern. In: Paideuma, Bd. VII, Heft 3, pp. 115—132.

Schweiger, Albert, 1914: Der Ritus der Beschneidung unter den amaXosa und amaFingo in der Kaffraria, Südafrika. In: Anthropos, Bd. IX, pp. 53—65.

— —, 1917—1918: Der Tikolotshe-Glaube und verwandte Anschauungen unter den Kaffern. In Anthropos, Bd. XII—XIII, pp. 547—557.

Seagle, William, 1958: Weltgeschichte des Rechts. München/Berlin.

Seligman, C. G., 1957: Races of Africa. London (1930).

Sellnow, Irmgard, 1961: Grundprinzipien einer Periodisierung der Urgeschichte. Berlin.

Seymour, S. M., 1960: Native Law in South Africa. Cape Town/Johannesburg.

Shaw, W., 1841: The Story of my Mission in South Eastern Africa. London.

Shropshire, D. W. T., 1970: Primitive Marriage and European Law, a South African Investigation. London (1946).

Silberbauer, E. Raymond, 1968: Understanding and Motivating the Bantu Worker. Johannesburg.

Silverstein, Raymond O., 1968: A Note on the Term »Bantu« as first used by W. H. I. Bleek. In: African Studies, vol. 27, nr. 4, pp. 211—212.

Simons, H. J., 1958: Customary Unions in a Changing Society. Acta Juridica. Cape Town.

— —, 1968: African Women and their Legal Status in South Africa. London.

Soga, John Henderson, 1931: The Ama-Xosa: Life and Customs. Lovedale.

Staudinger, J. von + *Günther Seufert*, 1956: Kommentar zum Bürgerlichen Gesetzbuch mit Einführungsgesetz und Nebengesetzen. Bd. II: Sachenrecht. Berlin (11. Aufl.).

Stirnimann, Hans, 1963: Nguni und Ngoni: Eine kulturgeschichtliche Studie. = Acta Ethnologica et Linguistica Nr. 6. Wien.

Trimborn, Hermann, 1928: Die Methode der ethnologischen Rechtsforschung. In: Zeitschr. für vgl. Rechtswissenschaft, Bd. XLIII, pp. 416—464.

— —, 1936: Der Rechtsbruch in den Hochkulturen Amerikas. In: Zeitschr. für vgl. Rechtswissenschaft, Bd. 51, 1./2. Heft, pp. 7—129.

— —, 1950: Die Privatrache und der Eingriff des Staates. = Sonderabdruck aus den deutschen Landesreferaten zum III. internat. Kongreß für Rechtsvergleichung. London.

Tyrrell, Barbara, 1968: Tribal Peoples of Southern Africa. Cape Town.

van Gennep, Arnold, 1960: The Rites of Passage. Chicago/Toronto/London.

van Tromp, J., 1948: Xhosa Law of Persons. A Treatise on the Legal Principles of Family Relations among the Amaxhosa. Cape Town/Johannesburg.

van Warmelo, N. J., 1936: A Preliminary Survey of the Bantu Tribes of South Africa. Pretoria.

— —, 1959: Grouping and Ethnic History. In: I. Schapera (ed.), The Bantu-Speaking Tribes of South Africa; pp. 43—66. Cape Town (1937).

Vilakazi, Absolom, 1962: Zulu Transformations. Pietermaritzburg.

Vogel, Franz Josef, o. J.: Deutsch-Xosa Grammatik. Umtata.

Warner, 1906: Mr. Warner's Notes. In: C. B. MacLean, A Compendium of Kafir Law and Customs; pp. 59—112. Grahamstown.

Warner, H. W., 1961: A Digest of South African Native Civil Case Law, 1894—1957. Cape Town/Wynberg/Johannesburg.

— —, 1965: A Digest of South African Native Civil Case Law, 1958—1962. Cape Town/Wynberg/Johannesburg.

Walk, Leopold, 1928: Initiationszeremonien und Pubertätsriten der südafrikanischen Stämme. In: Anthropos, Bd. XXIII, pp. 861—966.

Westermann, Harry, 1960: Sachenrecht. Karlsruhe (4. Aufl.).

Whitfield, G. M. B., 1948: South African Native Law. Cape Town/Johannesburg.

Willoughby, W. C., 1928: The Soul of the Bantu. A Sympathetic Study of the Magico-Religious Practices and Beliefs of the Bantu Tribes of Africa. New York.

Wilson, Monica, 1949: The Nguni. = Introductory article to The Bantu Tribes of South Africa, vol. III, sect. II. Kimberley.

— —, 1969: The Nguni People. In: M. Wilson + L. Thompson (ed.), The Oxford History of South Africa, vol. I; pp. 75—130. Oxford.

— —, *Selma Kaplan, Theresa Maki + Edith M. Walton,* 1952: Social Structure. = Keiskammahoek Rural Survey, vol. III. Pietermaritzburg.

— —, + *Archie Mafeje,* 1963: Langa, a Study of Social Groups in an African Township. Cape Town/London/New York.

Wolff, Martin + Ludwig Raiser, 1957: Sachenrecht. Tübingen (10. Bearbeitung).

Fortsetzung siehe nächste Seite

ARBEITEN ZUR RECHTSVERGLEICHUNG

Band 20: Würdiger, Wohlfahrt
Das Auskunftsrecht gegenüber Unternehmen und Unternehmenszusammenschlüssen innerhalb internationaler Gemeinschaften.
Berichte und Diskussionen zu den Berichten der Arbeitssitzung der Fachgruppe für Europarecht — Wissenschaftliche Gesellschaft für Europarecht — anläßlich der Tagung für Rechtsvergleichung in Wien vom 18. bis 21. September 1963.
1964. 92 Seiten, geheftet DM 15,60

Band 21: Karl F. Kreuzer
Das internationale Privatrecht des Warenkaufs in der deutschen Rechtsprechung.
1964. 351 Seiten, geheftet DM 36,—

Band 22: Matthias Drexelius
Irrtum und Risiko.
Rechtsvergleichende Untersuchungen und Reformvorschläge zum Recht der Irrtumsanfechtung.
1964. 119 Seiten, geheftet DM 18,—

Band 23: Serick, Mezger, Riesenfeld
Kollisionen zwischen der dinglichen Sicherung von Lieferantenkredit und Bankkredit.
Verhandlungen der Fachgruppe für Zivilrechtsvergleichung anläßlich der Tagung für Rechtsvergleichung in Wien vom 18. bis 21. September 1963.
1964. 69 Seiten, geheftet DM 11,20

Band 24: Rittner, Bonassies, Langemeijer, Lando
Ermessensfreiheit und Billigkeitsspielraum des Zivilrichters.
Verhandlungen der Fachgruppe für Grundlagenforschung anläßlich der Tagung für Rechtsvergleichung in Wien vom 18. bis 21. September 1963.
1964. 139 Seiten, geheftet DM 21,—

Band 25: Günther Philipps
Erscheinungsformen und Methoden der Privatrechts-Vereinheitlichung.
Ein Beitrag zur Methodenlehre der Privatrechts-Vereinheitlichung unter besonderer Berücksichtigung der Verhältnisse Westeuropas.
1965. 183 Seiten, geheftet DM 26,40

Band 26: Egbert Fried
Rechtsvereinheitlichung im Internationalen Arbeitsrecht.
Eine Untersuchung zur Methode der Rechtsvereinheitlichung am Beispiel der Internationalen Arbeitsorganisation.
1965. 224 Seiten, geheftet DM 45,—

Band 27: Ingo Richter
Die Grundlagen der Haftung für „faute de service" im französischen Staatshaftungsrecht.
Ein Beitrag zur Umbildung des deutschen Rechts.
1965. 167 Seiten, geheftet DM 24,—

Band 28: Lorenz, Kruse
Die Haftung des Warenherstellers.
Verhandlungen der Fachgruppe für Zivilrechtsvergleichung anläßlich der Tagung für Rechtsvergleichung in Kiel vom 8. bis 11. September 1965.
1966. 79 Seiten, geheftet DM 10,80

Band 29: Schultz, Dünnebier, Eek
Das Problem einer Sonderstellung der Presse im Strafverfahren.
Verhandlungen der Fachgruppe Strafrechtsvergleichung anläßlich der Tagung für Rechtsvergleichung in Kiel vom 8. bis 11. September 1965.
1966. 84 Seiten, geheftet DM 10,80

Band 30: Kuchinke, Lando, Bolding
Freiheit und Bindung des Zivilrichters in der Sachaufklärung.
Verhandlungen der Fachgruppe für Grundlagenforschung anläßlich der Tagung für Rechtsvergleichung in Kiel vom 8. bis 11. September 1965.
1966. 87 Seiten, geheftet DM 12,80

Band 31: Otto Sandrock
Über Sinn und Methode zivilistischer Rechtsvergleichung.
1966. 78 Seiten, geheftet DM 12,80

Band 32: Tilman Schneider
Der Fonds de Garantie Automobile im Rahmen des Schutzes der Verkehrsopfer.
Internationale Vergleichung und rechtliche Einordnung.
1967. 215 Seiten, geheftet DM 28,80

Band 33: Detlef König
Der Bereicherungsanspruch gegen den Drittempfänger einer Vertragsleistung nach französischem Recht.
1967. 164 Seiten, geheftet DM 18,—

Band 34: Oskar Hartwieg
Der Renvoi im deutschen Internationalen Vertragsrecht.
1967. 172 Seiten, geheftet DM 28,—

Band 35: Almuth Larenz
Ersatzansprüche des Unternehmers bei Verletzung eines Mitarbeiters mit fortlaufenden Bezügen nach französischem und deutschem Recht.
1968. 142 Seiten, geheftet DM 19,—

Fortsetzung siehe nächste Seite

ALFRED METZNER VERLAG · FRANKFURT/M. · BERLIN